山に魅せられて

山野孝平
YAMANO Kohei

文芸社

目次

はじめに

山に登ると神様を祀った祠をよく見かける。
山の神々は、山の安全や、人々の幸せを見守っているが、時には試練も与えるのか。

暗くなった空は荒れ狂う雲を漂わせ
雪を飛ばし視界をさえぎり
このいかなる斜面も登らせまいとする
雪が舞い上がり　風が唸る
雪を踏み抜き　踏み抜き
登っても　登っても山小屋は近づかず
拒み続ける雪の斜面に
墨のような雲が　終わりを告げてくる

6

風が哀れんで慟哭しながら　激しさを増す飛雪に
待ってくれ
吹雪かないでくれと　思わず叫んだ
声は風に流され雪の中に沈んで
斜面を吹き抜ける飛雪が
嘲笑うかのように激しくなる
息　絶え絶えになった身体は
深い雪に埋もれて　前に進まず
登る気力も体力も尽きかけ　死の恐怖が襲う
吹雪かないでくれ　吹雪かないでくれ
と神に祈り
ラッセルしながら　全身の力をふりしぼり
ここまでか　まだ登れるのか
生死をかけて登る

　登山を始めたのは、六十歳の定年近くになってからだった。四つ歳上の兄に、尾瀬ハイキングに誘われたのがきっかけである。それまでにも何度か山に誘われていたが、大汗をかいて心臓をバクバクさせながら登る山が、どうして面白いのか理解できず、いつも断っていた。それに毎年のように山岳登山の遭難事故が後を絶たないのに、人はなぜ山に登るのだろうか。いったん遭難すれば、人に迷惑をかけたり、家族に心配をさせてしまう。そんな山に登りたいとは思っていなかった。

　しかし、尾瀬ハイキングで山の魅力を知ると、兄に誘われるまま、那須岳《なすだけ》や白馬岳《しろうまだけ》など本格的な登山を経験して、いまでは登山が人生で最大の生き甲斐となった。気がつけば、いつしか単独行にも出かけ、危険な剱岳《つるぎだけ》や、残雪の槍ヶ岳《やりがたけ》にチャレンジして、山の恐怖を味わいさえしている。

初めての尾瀬

兄と一緒に尾瀬ハイキングに出かけることになったのは、花の咲き出した春先、兄弟六人で山梨県の石和温泉に旅行に行った帰り道、兄が西沢渓谷に寄っていこうと言うので、山など興味もなかったが、気分転換に西沢渓谷を少しだけ歩くことになった。

西沢渓谷の山道を歩いていると、長い冬から目覚めたばかりの柔らかな若葉が、春の陽をうけて輝いていた。歩を進めるうちに心の中を爽やかな風が吹き抜け、足も軽やかに歩いて風景を楽しんでいると、兄が笑顔を浮かべて話しかけてきた。

「今度、二人で、西沢渓谷をハイキングしないか」

「ハイキングなんか、とんでもない、長い距離を歩いたことないからダメだよ」

「それなら、お前に合わせて、ゆっくり歩くから」

そう言われ、一度ぐらいは兄と一緒にのんびり歩くのも悪くないと、カメラを片手に、西沢渓谷へハイキングに出かけることにした。五月の連休のことだった。

西沢渓谷は、秩父から甲府に抜けた雁坂《かりさか》トンネルの近くにあり、川に沿って山道を登ったり下ったりしながら、深い山の中へと入っていく。五月晴れとなった西沢渓谷は、緑の葉に包まれ、勢いよく流れ下る水の音が響きわたり、急斜面では流れが岩を噛んでしぶきを上げていた。渓流は、やがて滝となって流れ落ちて、青い空と若葉を落とし込んだような青緑色の美しい色をたたえた滝壺を創り出し、近くでは小鳥たちの甲高いさえずりが、周りの木や岩に話しかけているかのようだ。

春の陽射しは意外に強く、私は少し歩いただけでも汗ばみ、早くも足が筋肉痛となってバテてきたが、川を渡ってくる風に吹かれると、吹き出た汗が一気に引いていくのが分かった。

山はどこか遠い別の世界だったが、こうして大自然の懐に抱かれていると、とても心地よく、疲れも忘れて歩くペースも自然と速くなった。大自然の織りなす風景に、夢中になって写真を撮って歩いていると、兄は満面に笑みを浮かべて話しかけてきた。

「今日のお前の歩き方を見ていたら、次はどこか登山に行けそうだね」

「登山。登山なんてとんでもない、ここを歩いただけでバテているのに、山なんて登れる訳がないよ」

「それでは、尾瀬に行ってみないか。あそこなら無理しなくても歩けるし、花もたくさん咲いていて、とても綺麗なところなんだ」

尾瀬なら、一度は行ってみたい気持ちも強く、兄が言うように、体力のない自分でも歩けそうな気がした。

そして七月下旬、兄と深夜に家を出て、明け方には鳩待峠の駐車場に来ていた。兄は、大切にしていた分厚い皮の登山靴を取り出し、山を歩く準備を嬉しそうに始めた。私は、山の支度といっても何もなく、ジーンズに普段着の半袖シャツで、今日のために用意してきたキャラバンシューズを履いて、ザックを背負ったら終わりだった。

兄は支度が整うと、薄暗い駐車場から、尾瀬の入山口へと向かって歩き出した。初めて見る尾瀬湿原は、どんなところなのだろうかと、想像しながら兄の後をついて歩くと、先ほどから黒っぽい小さな物が、ポツリ、ポツリと何かの目印のようにところどころに落ちている。それも不思議なことに、等間隔に落ちている。何だろうと注意して歩いていると、今度は、かなり大きな黒い塊のゴムのような物が落ちていた。兄の足元をよく見ると、兄の靴から一歩、歩くたびにこぼれているように見えるが、兄は平然と歩いていた。

「兄さん、靴壊れていない？　さっきからずっと黒い物が、靴からこぼれ落ちてるけど、大丈夫」

「別に靴は、なんでもないよ」

「そう、でも一度確認したほうがいいかも知れないよ」と話しかけると、兄は登山用のしっかりした高価な靴が、壊れる訳がないと思っていたのか、いぶかしげな顔をして、大きな石の上に腰を下ろし、自分の靴底を確かめると、靴底の一部が欠けてなくなっていた。

手で靴を折り曲げてみると、靴底は一気に崩壊して、ボトボトと音を立てて地面に剥がれ落ちた。

「なんでこんなことになっているんだ」

「劣化だね、僕もいつだったか、久しぶりにスキーをしたとき、スキー靴が壊れたことがあったよ」

「そう言えば、この靴は、長いこと使っていなかったからな」

兄は、予期していなかった出来事に唖然とした様子で、壊れた登山靴をしばらく眺めていたが、意を決して車に戻り、運動靴に履き替えて戻ってきた。

「教えてもらってよかったよ。尾瀬を歩いているときではどうにもならなかった」

兄は、歩き始めたばかりのアクシデントに苦笑いして、鳩待峠のバスターミナルから、尾瀬湿原へと石段を降りていった。

鬱蒼と木々の生い茂る薄暗い登山道を歩き出して間もなく、木の葉に落ちる雨粒が、ポッ、ポッと音を立て始めた。

「雨が降ってきたのかな」と兄が口にした途端、ザーッ、と雨粒が、木の葉の太鼓を叩きながら、大きな音を立てて降り出してきた。

急いでバイク用のレインウェアを着たが、肌にピタッとまつわりついて、歩き出すと蒸れてきた。

雨に濡れた古い木道は黒く光り、右に左にと折れ曲がりいかにも滑りやすそうに続いていた。

場所によっては、斜めになっていたり急な坂になっていたりして、バランスを取りながら歩かなければならない。滑らないためにやたらと余分な筋肉を使い、早くも筋肉痛になり、息が上がってきた。

足はすでに筋肉痛を訴え、真夏の蒸し暑さも加わり、レインウェアの中は汗でグッショリ濡れている。この先の道のりが思いやられる。何度も休みながら歩いて、尾瀬湿原の入り口にある山の鼻小屋にやっとたどり着いた。初めての尾瀬ハイキングは、朝から大雨で最悪なスタートになってしまった。

不安な面持ちで空を眺めると、雨は白く長い糸を引く容赦のない降り方で、もうもうと湧き立つ濃い霧に閉ざされて湿原に向かう道は何も見えない。

しばらく雨宿りしていたが、いよいよ激しいどしゃ降りになり、止みそうな気配はまったくなく、湿原に歩き出す人は誰もいなかった。尾瀬案内所のビジターセンターに入って、いつ止むのか分からない空を恨めしく眺めながら、どうしようか兄に聞いてみると、

「今日は、雨が止みそうもないので帰ろう」と言い出した。

兄に帰ろうと言われても、初めて尾瀬に来て、尾瀬がどんなところなのかも分からないまま、簡単に帰る気にはなれなかった。少しでも、尾瀬がどんなところなのか、確かめないではいられない思いで「兄さん、自分だけこの先を、ちょっと歩いてくるから、ここで待っててくれないか」と話すと、兄は心配そうな顔していたが、すぐ帰るとは言わなかった。

霧の立ちこめる湿原に向かって歩き始めると、前を歩く人の姿が霧の中からぼんやり見えたり、隠れたりした。そして、木道だけがボンヤリと見え隠れする。木道を踏み外さな

いように、気をつけながら歩いていると、少しずつ霧は薄れてきて、隠れていた木道が少し先のほうまで見えるようになった。

しばらく歩いて、何気なしに背後を振り返ると、一人で行かせるのは危ないと思ったのか、兄が後ろから来ていた。兄と一緒なら霧に巻かれた木道も安心して歩くことができるので気が楽になった。

湿原に立ち込めていた霧も少しずつ薄らいできて、木道の傍に小さな花が雨に打たれ小刻みに揺れているのが見えたり、いくつもの池塘《ちとう》で、白い小さな花を咲かせたヒツジ草や、池塘の周りに咲く小さな花たちも見えるようになってきた。

霧の中に幻想的に霞む尾瀬湿原の美しさを垣間見ることができて、次第に尾瀬に来た実感が湧いてきた。しかし、雨は依然として降り続き、ビニール製のレインウェアは蒸し暑く、疲れもひどくなったので、どこか休むところはないだろうかと歩いていると、木道の傍らに休憩場所が設えてあった。

しばらく休んで、霧で煙る湿原を眺めながら、尾瀬湿原に来た満足感に浸って、そろそろ帰ろうとすると、兄が、一時間ほど歩いたところに竜宮小屋があるので、そこまで行くと先に歩き出してしまった。

私はすぐ帰りたかったが、兄が歩き出したので、兄に付いて歩くしかなかった。

鳩待峠から三時間ほどかかって竜宮小屋に着く頃には、激しく降っていた雨も小降りになり、空は明るくなって、雲間から眩しい陽が射してきた。すると、レインウェアの中は、ますます湿気で蒸し暑く、蒸し風呂にでも入っているかのようになった。疲れが一気に出てきてどこかで休みたかったが、兄は平然と竜宮小屋を目指して歩いている。

竜宮小屋に着いて、やれやれこれで腰掛けて一息つけると中に入ると、雨宿りをしている人たちで身動きできないほどごった返していて、さらなるムンムンとした蒸し暑さにどうにもたまらなくなり、兄に「もう帰ろう」と言うと、兄は雨が上がってきたのを見るや、山男の本領を発揮して、「弥四郎小屋へ行こう」と言い出した。

そして弥四郎小屋から東電小屋を目指して、計画通りに行こうと歩き出したので、しかたなく、ヨロヨロ後に従った。すると、途中から青空が出てきて、周りの景色が遠くまで見渡せるようになった。

劇場の垂れ幕が開いたかのように、霧が薄れ視界がよくなると、湿原の中に、白樺の木が寄り添うように並び、ところどころに紫色のアザミやコバギボウシの可憐な花が咲いていて、真っ直ぐに延びている木道のはるか先には、まだ霧に包まれた弥四郎小屋が幻想的な姿で佇んでいた。重く立ち込めていた白い霧は、やがてめくれるように遠くの山に押しやられ、はるか遠くまで開けてきて、私の胸は、この先はどんな景色になっているのだろうかと期待感でいっぱいになった。

弥四郎小屋に着いたときには、抜けるような真夏の青空が広がっていて、白い霧は遠くの山の上で白い雲になってたなびいていた。尾瀬の雄大な眺めに、心がワクワクしてきて、足の痛みも疲れも忘れ、尾瀬に来てよかったと思い始めていた。ところが、私はゆっくり休もうとしているのに、兄は少し休憩しただけで疲れた様子もなく、次の東電小屋へとすでに力強く歩き出していた。

山好きの兄は、四つも年上なのにタフで歩き方も早く、私はかなり後ろからついて歩くのが精いっぱいで、兄とはだいぶ距離が離れてしまう。すると、兄は木道の分岐点で必ず待っていてくれた。

尾瀬ヶ原の北の丘陵にある東電小屋に着く頃には、湿気が増して蒸し風呂にでも入ったかのように全身から汗が滴り落ちた。この辺りは湿気がこもりやすいのか、夏の強い日差しに地面からの輻射熱が加わり、たいへんな蒸し暑さになった。体力が奪われ、足が重く数メートル歩くのもいやになった。激しい蒸し暑さに耐えきれず、木陰にある岩に腰掛けて休もうとしたときだった、突然ヘビが目の前を横切った。ドキッとして背筋が凍りつき、立ち止まってヘビを見ていると、ゆっくり木の茂みに入っていった。

しかし、そこからまた不意に出てきそうで足が前に進まない。恐る恐る通り過ごして何歩も進まないうちに、またもやヘビが岩陰から現れた。この辺りは木が生い茂っていて、岩陰から滲み出ている水が冷たくて気持ちがよいのか、やたらとヘビが多い。私はヘビが苦手なので、早く林を抜け出そうと急ぎ足で歩くと、目の前が急に開け、湿原の中を、牛首へ向かう白く乾いた木道が一直線に伸びていた。

牛首から山の鼻へ、やっと帰れると思うと嬉しくなり、木道を歩き始めた途端、突然ヘビが数匹出てきて湿原の中を泳いで逃げていった。

足元からヘビが出てきて恐ろしくなって立ち止まったが、何でこんなところにもヘビがいるのだろうかと思いながら進むと、歩くたびに、数匹のヘビが現れては木道に沿って逃げていく。そして、再び木道の中に隠れた。

勇気を奮い立たせて、靴の音がしないようにそろり、そろり歩いてみたが、ヘビは減るどころか数を増す一方だ。逃げ惑うヘビたちは、木道の上にまで這い上がって逃げ回るので、ついに私は我を忘れて「わーわー」と大声を上げながら一目散に駆け出した。走って、走って木道からヘビが出てこなくなったのを見て、へたり込んだ。

そのまま腰を下ろして休んでいると、少し遅れて兄がやってきた。私の慌てっぷりがよほどおかしかったのか、ニコニコしながら、「いやー、たくさんヘビがいたね、ここでは鳥に食べられないように茂みや木道の下に隠れているんだよ」と説明してくれたが、もうヘビは懲り懲りだった。

兄と腰を下ろして本格的に一休みし、ゆっくりくつろいで、真夏の青い空と尾瀬の広々とした湿原を眺めていると、気持ちも落ち着いた。あらためて素晴らしい景色を眺め、心から尾瀬に来てみてよかったと感じ入った。

なるほど尾瀬の魅力は、尾瀬に来てみないと何も分からないことばかりだった。しばらくして、兄のそろそろ帰るぞ、の掛け声で立ち上がり、牛首の分岐に向かって歩いていくと、尾瀬湿原入り口の山の鼻に着いた夕方には、疲れは最高潮に達していた。

ここから鳩待峠の駐車場までは、長くキツい坂を登らなければならない。すでに筋肉痛で足も上がらないほど疲れ、おまけに汗で濡れたジーンズは乾くこともなくゴワゴワしたままで脚にまとわりつき、情けないほど足が上がらない。まるで地獄のしごきに遭っているようだった。

ヨロヨロしながら歩いていると、小さな子どもや高齢の登山者がどんどん追い越していく。鳩待峠のバスターミナルにたどり着いたときにはへばり切っていた。

いつもの私なら、もう二度とハイキングなんか行くものかと思うのだが、このときばかりは尾瀬の自然の美しさや雄大さに感動して、もっと体力を付けて、もう一度チャレンジしたいと思った。

それにしても、尾瀬ハイキングに、ジーンズとビニール製のカッパは最悪の取り合わせだと思い知らされた。

燧《ひうち》ヶ《が》岳《だけ》

残暑の陽射しも和らぎ、秋の気配が深まる頃、兄から尾瀬はすでに紅葉が始まっていると連絡が来た。夏の尾瀬ハイキングの後、秋になったら尾瀬の燧ヶ岳に登ろうと誘いを受け、尾瀬に行く約束をしていた。

尾瀬ヶ原には、二〇〇〇メートルを超える至仏山《しぶつさん》と、燧ヶ岳が相対していて、至仏山は群馬県寄りに、燧ヶ岳は福島県の会津寄りに聳《そび》えていて、その山と山の間に美しい尾瀬湿原が広がっている。そして、燧ヶ岳の前には、青々とした水をたたえている尾瀬沼があって、燧ヶ岳の流麗な姿を映している。

今回は、会津の檜枝岐《ひのえまた》村の御池駐車場から、三条の滝を経由して弥四郎小屋に泊まり、燧ヶ岳に登る計画だった。当日の朝早く着いた御池の駐車場は、すでに冬の気配が漂っていて肌寒く、朝靄《あさもや》が立ち込めていた。

冷気に包まれながら、静まり返った林の奥へと入っていくと、白樺やダテカンバ、楓《かえで》などの木々が鮮やかな紅葉に染まって、朝靄に包まれていた。

林の中に立ち込める朝靄は、夢の世界へと誘うかのようで、とても幻想的に見えた。まるで未知の冒険の旅が始まるかのようで胸が躍り、思わず足を止めて夢中でカメラのシャッターを押した。写真を撮りながら歩いていると、兄の姿はときどき朝靄の中に消えてしまう。兄の姿が見えなくなると、慌てて後を追っていたが、気がつくと、いつの間にか兄の姿はまったく見えなくなっていた。

迷子になっては大変と急いで歩いたが、どこまで追いかけても兄がいない。さらに先に進むと、木が生い茂るところに、三条の滝への分岐点を示す小さな標識があった。いつもなら分岐点で必ず待っているはずの兄の姿がここにもない。

兄が標識を見落として先に行ってしまった可能性もあり、いよいよ不安が募ってきた。この先を歩いて兄を探すべきか、三条の滝に向かうべきかで散々迷ったが、思い切って三条の滝へ兄の姿を追った。

急ぎ足で行くと、急斜面を慎重に降りている兄の姿があった。兄に逢えて安堵の胸を撫でおろしたが、それにしても分岐点で待たずに、先へ行くなど初めてのことだった。道に迷ったらと思うと恐ろしく、兄に苦言の一つも呈したいところだったが、兄を見つけた嬉しさで心も落ち着き、二人で急斜面をしばらく一緒に降りた。

険しい岩のガレ場を下って紅葉の樹林帯を抜けた途端、目の前が急に開けて、断崖絶壁に轟音を響かせて流れ落ちる豪快な三条の滝が現れた。落差のある三条の滝は、林の生い茂る中から勢いよく流れ落ちて瀑布となり、砕かれ飛び散った水飛沫は、霧になって紅葉した木々の間を漂っていた。そして、流れ落ちた水は、なおも急斜面の川底を流れ下り、岩を噛んで白い布のようになって林の中へ消えていった。

豪快な美しい三条の滝にしばらく魅せられていたら、先ほどの兄に対する不満はどこかへすっかり消えていた。

さらに尾瀬湿原の草紅葉となった木道を歩き、弥四郎小屋へと向かった。今日の宿泊地である弥四郎小屋へ着くと、足の筋肉痛が一段と激しさを増し、疲労困憊の状態になってしまった。

部屋で疲れた身体を休ませていると、夕食の案内の放送があり、食堂に行くと、各席におかずが用意されていて、ところどころに味噌汁の入った鍋とご飯のおひつが用意してあった。先に来た人がご飯や味噌汁をよそってテーブルに並べているのを手伝い、食事をしながら、兄と一緒にビールを呑んで、尾瀬の素晴らしい紅葉の話をしていると、テーブルの向かい席のご夫婦が話しかけてきた。

「どちらからですか」

「埼玉からです」

「私たちは、東京からですが今日は、どちらを回られてきたのですか」

「御池の登山口から、三条の滝に寄ってきました。素晴らしい紅葉で感動しました」

「私たちは、毎年この季節に会津の実家に帰って、その帰りに尾瀬に来ているんですよ。尾瀬が、こんなによく晴れた日はなかなかなくて、いつも雨で、今日のように、よく晴れた秋の尾瀬は初めてです」

「では、今日は運がよかった」という兄たちの会話を聞いて、尾瀬の、素晴らしい紅葉に出会え、なんと幸運だったのだろうと思った。

　翌朝早く目覚めて窓の外を見ると、白い霧のような靄に包まれていた。兄が散歩に行こうと言う。外に出ると、ひんやりとした冷気が身体を包み、もうもうと立ち昇る朝靄が、辺りを覆い隠していた。歩く先々で靄の中から現れてくる景色は幻想的で、目の前に現れてくる紅葉した木は一人舞台を演じているように美しく、どこか別世界を彷徨《さまよ》っているかのようだった。

やがて靄は薄れてきて、周りの景色が少しずつ姿を現し、山小屋が、朝食の準備をする煙を立ち昇らせていた。

今日は、弥四郎小屋から燧ヶ岳に登り、御池の駐車場に帰るプランである。朝食後、歩き出した林の中は、秋の陽の光を受け、鮮やかに紅葉した木の葉が輝いている。ときどき立ち止まっては、カメラのシャッターを切りながら歩いていく。緩やかに登っていた登山道は、いつしか急登になり、兄とはだいぶ距離が離れてしまった。喘ぎながら必死に登っていくと、途中で腰を下ろして休んでいる兄が、「背後を見てごらん、尾瀬湿原が紅葉して凄い景色だよ」と言う。振り返ると、尾瀬湿原が一面紅い絨毯に染まっていて、緩やかにうねる白い木道が至仏山まで続く素晴らしい景色になっていた。

休憩した後は必死に登り、森林限界を越えて、やがて登山道は岩とハイマツだけになった。深い堀のようにえぐられた谷間を進む登山道は、ハイマツが周りに覆いかぶさるように茂っている。兄の姿は、しばしばそのハイマツに隠れてしまうが、一本道で迷うことはない。

息も絶え絶えで燧ヶ岳の山頂へたどり着くと、青く澄んだ秋空の下に、至仏山や尾瀬湿原が眼下に眺められ、いくつもの池塘が小さな鏡のようになって青空を落とし込んでいた。

その美しさに感動して疲れもどこかへ飛んでいってしまった。

那須岳

燧ヶ岳登山で尾瀬の美しさに感動すると、何度か兄と一緒に水芭蕉の咲く季節や、お花畑のように高山植物が咲き乱れる夏の至仏山にも登り、兄は、今度、那須岳に登ろうと言ってきた。

標高一九一五メートルの茶臼岳《ちゃうすだけ》を中核に朝日岳《あさひだけ》、三本槍岳《さんぼんやりだけ》の連なる那須岳登山となると、登りきる自信はまったくない。断ろうとしていたら、兄は登れなかったら引き返すからと言うので、初秋の那須岳登山をすることになった。

那須岳は、群馬県の那須塩原にあり、茶臼岳、朝日岳、三本槍岳の総称である。山行計画では、朝日岳に登り、山の中腹にある三斗小屋温泉で入浴して登山口へ戻ることになっていた。プランを練るうちに兄と登る日が待ち遠しくなった。

いよいよその日がきて、真夜中に家を出て、夜明けまえの薄暗い那須ロープウェイの駐車場に車を止めた。夜明け前の薄暗い駐車場は、ガランとして数台の車があるだけで冷気が肌を刺した。風が肌に痛く感じたが、これから未知への挑戦が始まると思うと、心がワクワクしてきた。

　駐車場の端から登山道を張り切って歩き出すと、いきなり急な上り坂が待ち構えていた。登り始めは林の中の登山道だったが、やがて岩だらけになり、息が切れて喘ぐように登らなければならなくなった。少し登っただけで、すでに脚は筋肉痛になり、いままでの経験は少しも役に立っていないようだった。

　兄とはいつしか距離が離れ、遅れ気味になると、兄はときどき振り返っては、私を待っては登っていく。

　いままで歩くことが嫌いで、ほとんど乗り物に頼ってきた身体は、何度か尾瀬を歩いただけでは何の変わりもなく、心臓が早打ちして息が絶え絶えになり、苦しく口を開けて喘ぎながら登らなければならなかった。あまりの苦しさで、たびたび呼吸を整えるために立ち止まり、荒い息をしているその横を、数人のグループの人たちが楽しそうに足取りも軽く追い越していく。友達と笑顔を交えながら登っていく姿を見送っていると、自分の体力の無さが恥ずかしかった。

　朝から薄暗く曇っていた空は、いつの間にか冷たい霧雨になっていた。上気した身体を包む霧雨はヒンヤリとして気持ちよいが、急な岩場を登り出すとまた汗だくになってきた。

そのうち霧雨は、驟《しゅう》雨《う》となり、矢のような勢いで降リ始めて、辺りは足元しか見えない濃い霧に包まれた。ビニール製のレインウェアを着て登っていると、身体中から大粒の汗が噴き出て、疲れも大きくなった。

これ以上は到底登ってゆけぬほどバテてきて、兄に追いついたら、すぐにでも帰ろうと言おうと近づくのだが、待っていてくれた兄はまた先へ歩き出してしまう。仕方なくヨロヨロと後を追うしかなかった。体力が尽き果てた頃、茶屋避難小屋になんとかたどり着いた。

小さな避難小屋の中は、雨宿りする登山者であふれ返り、噎《む》せかえる汗の臭いでムンムンしていた。しばらくすると雨も止んできたのか、少しずつ小屋の中は空いてきた。小屋の外に出てみたが、濃い霧がもうもうと立ち込めて、何も見えない。

兄は、このまま登るのは危険だから下山すると言ってきたが、私はつい先ほどまではこんなに辛いのなら早く下山したいと思っていたのに、何かこのまま下山するのが心残りで、白い霧を恨めしく思いながら佇んでいた。すると、稜線上から、ときおり強い風が吹き、そのたびに霧はサーっと流れ、一瞬だけ視界が開けるが、またすぐ霧に閉ざされてしまう。

それを何度か繰り返すうちに、少しずつ霧が薄れていく。

「登れるところまで登らないか」と、兄に探りを入れると、霧の中を登っていく登山者の姿が徐々に増えてきたのを見て安心したのか、危険だったらすぐ引き返すという条件付きで、朝日岳を目指した。

　稜線上に出て、朝日岳へ向かうと、霧はいっそう濃く立ち込め、足元以外はまったく見えない。これでは兄の言う通り危険だと感じて、兄に離されないようにドキドキしながら登っていった。

　登山道は、やがて細く急登の岩場となり、鎖に掴まりながら、岩にしがみつくようにして登る。雲の中を歩くようにして、恐る恐る登っていくと、いつの間にか朝日岳の山頂へたどり着いた。朝日岳の山頂も濃い霧で、何も分からなかったが、山の頂にたどり着けた嬉しさに満たされた。

　朝日岳の山頂から温泉の湧き出ている三斗小屋まで、濃い霧に包まれたまま急な下り坂を下っていく。急勾配の下りは転びそうで、下ばかり見て歩いた。しばらくして、ふっと顔を上げると、いつの間にか霧はすっかり消えて、眼下には、目が覚めるような真っ白な雲海がたなびく圧巻の景色が広がっていた。

雲海を眺めていると、突如として、コバルトブルーの目を思わせる湖のごとき蒼色が雲海の底に見下ろせた。初めて見る神秘的な美しさに感動していると、いまにも山の女神が現れそうで心が躍った。けれども、近くに湖はないはずなので、あれは一体なんだろうと不思議でしかたなかった。

写真を撮って兄に観てもらおうとザックからカメラを取り出したときには、すでに雲海の中に消えていて二度と姿を現さなかった。一瞬の出来事は貴重な体験として強烈な印象が残った。雲海に気を取られているうちに、また見失った兄の姿を急いで追った。

急勾配を下りていくと、硫黄の匂いが鼻孔をツンと刺激してきた。湯煙を上げる三斗小屋にようやくたどり着き嬉しくなり、兄の顔を見るや尋ねた。

「どう、風呂には入れる？」

「ダメだったよ、山小屋に泊まる人しか、風呂には入れないそうだ」

兄も楽しみにして、この登山計画を立てていたので、風呂に入れないことになって一気に力が抜けて、疲れが何倍にも感じられた。しばらくは紅葉した林の中で、腰を下ろして足を休めるしか方法がなかった。

一休みした後は、再び深い樹林帯を、落ち葉を踏み締めながら歩いた。そして、樹林帯の先に、溶岩で埋め尽くされた急登のガレ場が突然現れた。目の前に、気が遠くなるような溶岩の急斜面が立ちはだかり、こんなところをまだ登らないといけないのかと思うと、心が折れ、その場にしゃがみ込みたくなった。

兄はつらそうなそぶりは少しも見せず、ゆっくりと同じ歩調で休まず登っていくので、どんどん離されてしまう。必死に筋肉痛の足をひきずりつつ登るものの、兄との距離は広がるばかりだった。

茶臼岳の急斜面を登り終え、兄に追いつくと、兄は右手に延びる稜線に興味を覚えたのか「ちょっと見てくるから待っててくれ」と言い残して、また別の急斜面を登っていった。兄が帰ってくるまで腰を下ろして休んでいると、雲海の中に浮かぶコバルトブルーの神秘的な光景が心の中に甦ってきた。あれは一体何だったのだろうか？　不思議な光景は山に登らなければ、決して見ることができない一瞬の幻だった。

那須岳登山は苦しく大変だったが、なんとも不思議な出来事は強く印象に残った。その帰りには塩原温泉に泊まって、兄は、酒を呑みながら来年の夏は、白馬岳《しろうまだけ》に登ろうと話した。

白馬岳

那須岳登山の次は、本格的な山岳登山となる白馬岳だ。白馬岳は長野県と富山県の間にあり、夏にはたくさんの登山者が訪れるところだけに、白馬の雪渓歩きは落石や急な天候の悪化によっては事故が起きることもあった。白馬岳の標高は二九三二メートルもあり、朝日岳の一八九六メートルと比べると、一〇〇〇メートルも高い山になる。

那須岳よりレベルの上がった山行計画を見ると、白馬岳の登山口である猿倉荘《さるくらそう》に一泊して、二日目は白馬大雪渓を登り、頂上山荘まで行く。三日目に白馬岳の山頂から白馬大池を経由して、栂池《つがいけ》高原のロープウェイへ降りて、帰ってくるプランだった。三〇〇〇メートル近くある本格的な登山となると、登れる自信はまったくなかったが、山に登らなければ、決して見ることができなかった、コバルトブルーの雲海の景色を想い出すと、兄と一緒に登っていくのが楽しみでもあった。

梅雨が明けた七月中旬、午後二時過ぎに兄の車に乗り、関越道から信越道を走り、日が暮れた七時頃には猿倉荘に着いた。翌朝、夜明け前のまだ暗い登山道を登り出すと、石のゴロゴロした急なガレ場で歩きにくく、息がすぐ上がり出した。口を開けてハァハァと荒い息をして、心臓がドキドキ早打ちしてくる。このまま登っていけるのか心配になってきたが、兄も歩調を合わせてゆっくり登ってくれるのでどうにかついていった。

涸れた川底のような山道を、大汗をかきながら登っていると、兄は見晴らしのよいところで待っていて、はるか遠くの藍色にかすんで見える山並みを指して「ほら、あれが白馬岳だ、今日はあの山に登るんだ」と教えてくれた。

そんな遠くに聳える山に、今日のうちにたどり着けるはずがないと思ったが、いまは兄の後を必死についていくしかない。心臓をバクつかせながら、二時間ほど足元の悪い登山道を必死に登っていくと、雪渓の登り口になっている白馬尻小屋《しろうまじり》にやっとたどり着いた。

目の前には、聳え立つ山の谷間に、真夏の陽射しを受けた残雪が眩しく反射していて、雪渓の登り口の下流部は、人の背丈の何倍もの寝雪の一部が溶けて穴が空き、その下には雪水が勢いよく流れ下っていた。

四本爪の軽アイゼンを、キャラバンシューズに取り付け、雪の上をザックザクと登り始めると、夏の陽射しに晒された雪渓の表面は柔らかく、アイゼンがのめり込んでしまい、雪の斜面をしっかりと捉えきれない。それでも、少年のように心がワクワクしてきて、疲れを忘れて、チャレンジ精神で夢中になって登る。

雄大な雪渓を踏みしめながら、さらに登っていくと、雪渓上に大小さまざまな石が転がっていて、石には木の板が縛り付けられてあった。

「ここにある石は、すべて落石によるものです」

「ここでは立ち止まらないで！　危険です」

「上からの落石に注意！」

などと各々に書いてあった。しかし、立ち止まるな、危険と分かっていても、苦しくて立ち止まらずに登ることなどとてもできず、息を切らせ、休み休み雪の斜面を登っていく。

しばらくして、標高二八一二メートルの杓子岳《しゃくしだけ》の、白い花崗岩に覆われた山容が、青空に浮き上がって見えてきた。ときおりその斜面からカラカラと音を立てて石が崩れ落ちる。それらの石は雪の上を音もなく滑って、雪渓の中ほどまで落ちてきて、ようやく止まった。大きな岩が崩れたら登山コースに流れ込んでくる気がして恐ろしくなった。

兄は、すでに雪渓を登り終えて岩に腰掛けて待っている。兄のいる地点まで、もう一息というところまで来ていたが、雪渓の最上部は急斜面で、アイゼンが柔らかな雪に滑って、なかなか登れない。

　足元の雪が崩れてズルズル下に落ちてはまた登ってを繰り返して、息は絶え絶えになったが、自分の足で登っていくしか方法がない。苦しく泣きたい思いで斜面を登り終えると、倒れこむようにして兄の横にドスンと腰を下ろした。振り返ると、真夏の日差しに照らされて深い谷底から湯気のような霧がもうもうと立ち昇っていた。

　雪渓を登り終えたが、まだまだ岩の間をくねる厳しい登山道が待ち構えていた。汗が滴り落ち、何度も深呼吸をして肺を落ち着かせようとするが、少しも楽にならず、重くなった足はなかなか上がらない。

　自分自身と必死に闘いながら、少しずつ休み休み登る。雪渓から吹き上げてくる冷たい風が、汗のまとわりついた肌をやさしく冷やしてくれた。周囲に咲き誇る可憐な高山植物が、そよ風に揺れながら、がんばれ、もう少しだと励ましてくれる。ようやくたどり着いた宿泊地の頂上山荘の周りには、たくさんの高山植物が咲き乱れ、さながらおとぎ話の世界に迷い込んだかのようだった。

　午後三時過ぎにザックを山小屋に置いて一息つくと、兄は夕食までに時間があるので、白馬岳に登ろうと言う。白馬岳の山頂までは、ここから三五分となっていたが、もうこれ以上動きたくはなかった。しかし、兄は登る気満々で支度をしているので、疲れ切った体を奮い立たせ白馬岳の山頂を目指し再び歩き始めた。白馬岳の山頂までは急登で、ザックを背負っていないのにかなりキツい。必死に登っていると、遠くから雷鳴が聞こえてきた。

空を見上げると、白い雲が川のように勢いよく流れていた。杓子岳方面を見ると、真っ黒な雲が風に流されてすごい速さでこっちに向かってくる。

雲の動きは速く、兄が戻ろうと言って慌てて下山を始めて間もなく、辺りは急に暗くなり風が吹き出した。そして山小屋にたどり着くなり、稲光とともに雷が激しく鳴り響き、バケツの水をひっくり返したような猛烈な雨が降ってきた。

経験したことのない雲の流れの速さと、山小屋の近くで地響きを立てて鳴り響く落雷に驚いたが、一時間も経たないうちに雨は止み、また真夏の青空が戻ってきた。

そして、夕食後、兄と一緒に頂上山荘の稜線上に出てみると、夕陽が杓子岳や白馬《はくば》鑓《やり》ケ《が》岳《だけ》の斜面を紅く染めていた。その素晴らしい景色をいつまでも眺めていた。

夕陽が地平線に沈むと、杓子岳の上から、丸い大きな月が登山道を照らしていた。山はいいなぁ、とすっかり山の魅力に惹かれ、兄と二人並んで真夏の宵を楽しんだ。

翌日の朝は、早く起きてご来光を眺め、白馬岳から白馬《はくば》大池《おおいけ》に向かった。稜線上のルートには、高山植物の可憐な花々が風に揺れて踊っていた。駒草など小さな花が、強い風を避けて岩陰にひっそりと咲いているのを見つけると、兄に付いて歩かなければと思っても、夢中でカメラのシャッターを押しながら歩いた。兄はのんびり写真を撮りながら付いてくる弟にウンザリしたのか、どんどん先に歩き出し、途中で待つことはしなくなった。

慌てて兄の後を追いかけ、ハイマツに囲まれた登山道を抜けてたどり着いた白馬大池は、どこまでも突き抜けるような青い空と、池の周りに咲く高山植物を鏡のように映し込んでいた。時が過ぎるのも忘れて眺め、一休みした後は、栂池高原《つがいけこうげん》のロープウェイの駅まで、降りていかなければならない。カメラをザックに収め、今度こそ兄に遅れまいと歩いた。

岩だらけで落差のある登山道は危険なのか、兄は慎重にゆっくり降りていく。山の怖さを知らない私は、下山なら身体に負荷がかからないので、素早く降りることができたので、兄が降りてしまうまで待たなければならなかった。

兄は、上から勢いよく下りてくる足音が気になってきたのか「先に降りていってもいいよ」と言ってくれた。私は、これ幸いと、身のこなしも軽く素早く駆け下った。兄の姿が見えなくなると立ち止まり、兄の無事な姿を見てからまた駆け下りた。そのうちに落差のある危険な下りはなくなってきたので、一気に走ってゆくと、栂池高原の休憩所に着いてしまった。栂池高原の休憩所に一足早く着いて、兄が下りてくるのを待っていたが、兄はなかなか下りてこなかった。

途中で何かあったのだろうかと、少し心配になっていたとき、兄の姿が林の中に見えてきた。無事でよかったと思いながら兄に言葉をかけた。

「イヤー大変だったね、かなりキツイ下りだったよね」と笑いながら話すと、兄の顔に笑顔はなく、憮然として怒っているようだった。先にどんどん下りてしまった弟のことが、よほど心配だったのか、突然、「もう、お前とは一緒に山に登れないな」と言い出した。

思いがけない言葉が返ってきて驚き、兄の顔を見た。すると苦虫を噛み潰したような顔をして、かなりご立腹の様子だった。兄が何を怒っているのか、訳が分からず、「お前とはもう山に登れない」と繰り返す兄の言葉に「いいですよ、一緒に登らないから結構ですよ」と売り言葉に買い言葉となり、気まずくなった。

栂池高原のロープウェイの駅から、無言で周りの風景を眺め、終点のロープウェイ駅に着き、バス乗り場に着く頃は気持ちも落ち着いて、いつもの兄弟に戻っていたが、「もう一緒に登らない」という一言が、心の奥深く突き刺さってしまった。

トレーニングの山

兄から、お前とは山に登らない、と言われて、登山の誘いはそれっきり途絶えた。兄の山への誘いがなければ、単独で山に登れるはずもなく、もう山には登ることもないと思っていた。ところが、尾瀬や那須岳の光景や、白馬岳の高山植物の可憐な花が風に揺れる景色を思い浮かべるたびに、いつかは一人でも山に登りたいという思いが強くなった。

そして夏になると、尾瀬ハイキングの計画を立て、群馬の片品村から、尾瀬沼への登山口となる大清水へと行った。大清水の駐車場に着いたのは、まだ夜空に星が輝いている明け方だった。そして、夜が明けると大急ぎで支度を整えて、尾瀬沼へと歩き出した。

尾瀬沼へのルートに、大清水の駐車場から一時間二〇分ほど歩いたところに、一ノ瀬の休憩所があり、そこから尾瀬沼へと向かう登山口がある。そこまでは、なだらかな上り坂を歩いていく。歩き始めて一〇分もしないうちに、息が上がって胸が苦しくなった。

一ノ瀬の休憩所にたどり着くまでに、何度も腰を下ろして休まなければ歩けない。一ノ瀬の休憩所に着くと、すでに大汗をかいて疲れてしまった。それでもまだ見たことのない尾瀬沼の景色を想像すると、どんなところなのだろうかと心がワクワクしてくる。

一ノ瀬の休憩所で一休みして、いよいよ尾瀬沼への登山口となり、景色に感動して写真を撮っていたが、やがて急な登りの斜面になると、再び激しく喘ぎ、数歩登っては呼吸を整えて、休み休みでなければ登れなくなった。立ち止まって呼吸を整えていると、後から登ってきた人たちが、楽しそうにおしゃべりしながら息切れもせず歩いていく。その姿を羨ましく思いながら、登っては休み、登っては休みを繰り返してゆく。

急斜面を登り切っても、まだ登山道が続いていて、必死に歩いていくと、山道が下り坂になってきて、木の生い茂る間から尾瀬沼が見えてきた。なおも下っていくと、富士山によく似た美しい姿をした燧ヶ岳と、青い水を湛えた尾瀬沼が目の前に現れた。大汗をかきヘロヘロ状態で、青く澄んだ尾瀬沼と燧ヶ岳の姿を見たときは、飛び上がるほど嬉しかった。

初めての単独ハイキングは、息切れと足の筋肉痛で大変だったが、目にする景色がとても刺激的で、見るものすべてが新鮮だった。そして、一人でも尾瀬ハイキングができたことの達成感に満たされ、もっと足腰を鍛えようと、家の近くにある桂木山や、大高取山でトレーニングを始めるようになった。

大高取山は標高が三七六メートルの低山で、ハイキングコースがいくつかあり、道はよく整備され歩きやすく、誰でも登れて人気がある。大高取山に登るには、東京池袋から東武東上線に乗り、東毛呂駅からと越生駅からのルートがある。東毛呂駅からは、ゆずの里として知られている桂木観音から登る。越生駅からは、虚空蔵尊の裏から登るコースと、役場の横手にある世界無名戦士の墓の前を通って登るコースがある。

この山にトレーニングとして登るときは、いつも近くのスーパーで昼の弁当を買って、虚空蔵尊の裏山から登ったり、桂木観音から登ったりした。虚空蔵尊は、毎年、三月の第二の土曜日と日曜日に、お祭りがあり花火が上がる。その日は、虚空蔵尊の沿道には、所狭しとたくさんの屋台が出て、ダルマ市も開かれて賑わい、大勢の人々が急な石段を登ってお参りをする。この石段は、人間の煩悩と同じ百八段あって、最後の三段になると、息絶え絶えになる。それは、登り終える三つの石段が、人間の煩悩の三大悪の、欲と、怒りと、愚痴、の三段になっているからだと言われている。

この山でトレーニングを始めた最初の頃は、少しの登り坂でも息切れして、休み休みだったのに、トレーニングを重ねてゆくと、体力がついて、息切れの回数も減り、少しずつ自信が出てきた。

何度か一人で尾瀬に行って足を鍛えていると、いつしか一ノ瀬の休憩所まで一度も休まず歩けるようになり、歩くことが楽しくなってきた。そして、尾瀬の至仏山へチャレンジすることもできて、次いで北アルプスの山に登れないだろうかと思えるまでになった。山の本を見ると、北アルプスの唐松岳《からまつだけ》は、標高は二六九六メートルあるが、途中までゴンドラリフトに乗ってゆけるので、初心者向きだと書いてあった。ここなら自分にも登れるのではないかと思い、虚空蔵尊の裏山から大高取山に登り、足腰を鍛えるトレーニングを定期的にするようになった。

いつものようにトレーニングで、大高取山に登り、昼ご飯を食べていると、十人ぐらいの高齢者のグループが元気よく登ってきた。白髪のリーダーの方が「ここが大高取山です。出発は一二時四〇分にしましょう。それまで休憩です」と言うと、私の横に来て挨拶をしてきた。

その方をよく見ると、目鼻立ちの整った端正な顔をしていて、どこか風格のある気品が感じられた。そして、皮膚の色つやもよく、話し方もしっかりしていたので、四つ年上の兄に近いのかなと見ていると「どちらから来られましたか?」と尋ねてきた。

「私は、この下の麓に住んでいる者です。おたくは、どちらから来られたのですか」

「僕は、飯能から来ました」と言って、なんのてらいもなく自己紹介を始めてきた。

「僕は、大企業に勤め、繊維の開発をしてきた技術者で、会社を辞めて、大阪から飯能に引っ越してきたんですよ。その当時、住宅公団に申し込んでやっと決まったのが飯能でね、地図を見ても分からなかった。飯能に移り住んでから始めたハイキングが健康にすごくいいんですね。それで、健康のよさを皆さんにも知ってもらおうと、山岳クラブを作ったんですよ、そうしたら、僕が一番歳上で会長になってしまってね、月に七回ほど計画を立ててハイキングに来ているんですよ。ところでおたくは、何年生まれ」

「私は二十五年生まれです」

「それじゃ、僕より二十年も若いわ。僕は大阪の会社を、日本一の企業にしてきたんですよ」と話された。私より二十歳も年上ということは、八十五歳を過ぎているのかと驚いてよく見ると、身体は細身でもがっしりしていて、声にも張りがあり、その年齢にはとても見えなかった。

　その方は、大阪で長く工場長していたが、出世欲はまったくなく、誰にでも正しいことは正しいと言ってしまうので、上の人には煙たがれていた、と話す顔は、青年のような若々しさが残っていた。「それでは、戦争の経験もおありなのですか？」

「いや、戦争には行ってないですよ。戦争に行ったのは、僕より三つ上の人たちで、僕は、その頃中学生で、共産主義の勉強をずいぶんしたな。マルクスやレーニンの本や、唯物論などの本をたくさん読んでましたよ。その当時で、まず僕ぐらい共産主義について勉強した人は、いないのではないかなぁ。友達と議論していると、このブルジョワが何を言うかと思っていたけど、日本が戦争に負けてから、何か変だなと思うようになってね、いろいろ資料を集めたら、それは『ハルノート』もそうなんだが、ソ連のスパイが日本を弱体化しようと、アメリカにたくさん入っていたんですね。よく考えると日本は左翼でも右翼でもダメで、中道でなければダメだと分かって、論文を書きましたよ」と言う。

その方の話にはとても興味がそそられ、次から次へと話される体験談が面白く、いつしか話に引き込まれてしまった。時間が過ぎるのも忘れ、夢中で話し込んで気がついたら、グループの人たちが立ち上がって、出発の準備を始めていた。

「会長さん、出発の時間になりましたよ」と言って、会長さんが、立ち上がるのを待っていた。

その方の声が聞こえたのか聞こえないのか、話は途切れることなく熱を帯びてきて、話がいつまでも続いた。だいぶ時間も過ぎて、みんながイライラしてきて「会長さん時間か過ぎていますよ、行きましょう」と再び声をかけてきたが、それでも立ち上がろうとせず「おたくとは、話が合うな」と取り憑かれたように話が続いた。

時間はとっくに過ぎているのに、いつまで待っても立ち上がろうとしない会長さんに、彼らの苛立つ視線が、私に冷たく投げかけられてくるのを、ひしひしと背に感じてきた。話をまだまだたくさん聞きたかったが、途中で話を遮り「あの、皆さんがお待ちかねです、今日は貴重な話をありがとうございました」と出立を促すと、ようやく立ち上がった。

グループの人たちにも長いこと待たせてしまい、「ご迷惑かけました」と謝罪したが、誰も無言で怒っているように見えた。それもそのはずで時計を見ると三〇分以上も待たせてしまっていた。

申し訳なかったが、貴重な話が聞けて、山に登らなければ出会うことのない一期一会に、山の素晴らしさをつくづく感じた。

大高取山で体力つけて、いよいよ単独行で唐松岳を目指すことにしたが、初めての単独登山は不安だらけだった。白馬八方尾根のゴンドラとリフトを使い、足下を流れる秋の草花を眺めていると、兄には何も言わずに唐松岳に来たことで、何か後ろめたさや不安を感じてきた。やはり一人で山に来ては危険なのかも知れない。道にでも迷ったらどうしようか、滑って崖に落ちたりしないだろうか、次から次へと不安に駆られた。アクシデントがあれば、一人で行くからだと兄に叱られそうだった。

あれこれ物思いにふけっていたら、リフトがガタガタと大きく揺れ、最終地点にたどり着いた。そこは、すでに標高一八八〇メートルもあって、遠くに聳える山々が青く霞んで重なり合って眺められた。これから登る急斜面を見上げると、どんよりした暗い空の下に、厳しそうな岩場が続き、怖さもあったが、初めての高い山に気持ちは高ぶって、チャレンジする嬉しさが強く、わくわくしてきた。

登り始めると、大高取山で足を鍛えてきた甲斐があり、順調に高度を上げていった。稜線上に出ると霧が湧いていて視界は悪く、八方池にたどり着くと、やはり濃い霧に覆われ何も見えなかった。天気がよければ、白馬鑓ヶ岳、杓子岳、白馬岳の白馬三山が、湖面に映し込まれているはずだったが、白い霧の中に消えていた。

八方池の稜線上から登山道を見ると、唐松岳に行く登山道は濃い霧に包まれた林の中に消えていてその先は何も見えなかった。稜線上は、風が吹くと霧がサーッと消えるが、林の中は濃い霧に阻まれたままで危険そうに見えた。ここから引き返えそうかと登山道を眺めていると、若い女性が霧の中を下りてきた。思わず挨拶を交わした。

「上は、霧の状態どうですか」

「霧雨になっていて何も見えません。今日は素晴らしい景色を期待していたんですが残念です。山の神様が、天気のよい日にまた登ってきなさい、と言われたのだと思って、天気のよい日にまた登ってきます」と元気に笑いながら下山していった。

　この霧の中を下山してきた人がいるのだから、どんな様子なのか登ってみようと歩いていくと霧は薄くなったり濃くなったりしていたが、登山道は、はっきり見えて危険なこともなさそうだった。

　唐松岳頂上山荘に近づいていくと、登山道は荒れてきて、急に細くなっていたり、いまにも崩れ落ちそうな大きな岩が現れたりして、緊張感いっぱいで歩いた。しばらくすると唐松岳山頂直下に建てられた唐松岳頂上山荘にたどり着いた。山小屋から唐松岳山頂まであと僅かだったが、山小屋から先は激しい風と先の見えない霧に包まれていて、初心者の自分が登るにはあまりにも危険に満ちていた。私は仕方なくすぐ引き返すことにしたが、いつか天気のよい日に必ず登ろうと心に誓った。

残雪期の尾瀬沼と常念岳《じょうねんだけ》

唐松岳に初めて一人で挑んだ登山は、天候に恵まれず山頂には立てなかったが、自分にもある程度できることが分かり、大きな自信になった。それからは燕岳《つばくろだけ》や蝶ヶ岳《ちょうがだけ》への日帰り登山をし、唐松岳、北穂高岳《きたほたかだけ》、槍ヶ岳、奥穂高岳などは山小屋に一泊して、北アルプスの山歩きに挑んだ。次第に単独登山に慣れて、次のチャレンジは残雪の登山へと向かった。

山の雪も溶け出した四月下旬、山小屋が開いたタイミングなら、冬山より危険はないだろうと、尾瀬沼にある長蔵小屋に泊まって、燧ヶ岳に登る計画を立てた。

残雪期の尾瀬沼に行くのは初めてで、心をワクワクさせながら、朝早く大清水の駐車場に着いた。大清水から歩き出す道には、かなり雪が積もっていて、早速アイゼンが威力を発揮した。一ノ瀬休憩所から先は、深い雪に覆われていて、雪に足を取られながら木の枝につけてあるピンクのリボンを頼りに歩いた。尾瀬沼に着くと、尾瀬沼は青い空と真っ白な燧ヶ岳の姿を湖面に映していた。そこから素晴らしい景色を見ながら長蔵小屋に着いたのは計画より一時間も早く、燧ヶ岳に登る時間は十分にあった。

　荷物を山小屋に預けて、昼の弁当とピッケルを持って、深い雪をずぶずぶと踏みながら燧ヶ岳を目指し、登れるところまで登って、登れそうになかったら引き返すつもりで登った。途中、急斜面を利用してピッケルを使い滑落時の練習をしたり、周りの雪景色を楽しみながら登って、背後を振りかえると、一面白い雪の中に青い水を湛えた尾瀬沼が小さく見えていた。

　春の陽射しは暖かく、山頂近くの雪は溶け出していて、雪を踏み抜いた跡があり、登る速度は一気に落ちた。そうして山頂にたどり着くと、眼下には、小さくなった尾瀬沼や雪に埋もれた尾瀬湿原があり、駒ヶ岳《こまがたけ》などの山や新潟県の山並みが、青く澄んだ空との素晴らしいコントラストになっていた。

　次の日の朝、まだ夜明け前に山小屋を出ると、尾瀬沼は、雪も沼の水も硬く凍りつき、風紋のような模様を刻んでいたり、泡のような形をしたまま凍りついていた。

　凍った輪の部分は白く盛り上がり歩いても割れる心配はなく、沼の真ん中ほどまで行くと、白く雪化粧した燧ヶ岳の山頂に朝日が当たりピンク色に輝いてきた。いましか見ることのできない素晴らしい景色に感動しながら、夢中で写真を撮っていると、大清水の山を越えて朝陽が昇り出し急に辺りが明るくなり出した。すると、どこからともなくピーン、ピーンと甲高く鳴く鳥の鳴き声のような音がしてきた。何だろうと思っているとまたピーンと静かな湖面に音が響き渡る。

どこから聞こえてくるのだろうと、後ろを振り返ると、先ほどまで白く盛り上がって凍っていた氷が薄く透明になり出していた。朝陽が当たって急に溶け出した湖面の氷が割れていく音だと分かり、背筋が凍りついた。慌ててまだ厚く凍っているところを探しながら元の場所に帰り着くことができて胸を撫で下ろした。

単独行では、すべての行動が自己責任になる。危険なことは避けて安全を心がけなければならないが、予想外のことも起きてしまうことだってある。それを防ぐには、いち早く危険を察知する感覚を持てるように、たくさん山の経験を積まなければならないと思い、残雪期の初心者コースとも言われている唐松岳に、五月中旬にチャレンジして雪山の経験をすることにした。

ゴールデンウィークを過ぎた唐松岳の空は、灰色の雲に覆われ、双耳峰《そうじほう》の鹿島槍ヶ岳《かしまやりがたけ》が、おぼろげに確認できるだけのあいにくの天気だった。

視界も悪く、八方池も深い雪に埋もれた殺風景な雪景色で、登山者は誰もいない。登山コースの雪の上に撒かれた、赤いベンガラの目印もほとんどが消えかけて、コースを外れないか不安を抱えながら登っていった。

山小屋は閉じているので、今日中に下山しなければならない。遅くとも、最終のリフトに乗り遅れないように、息を切らせながら懸命に登っていった。

雪の斜面に残る足跡をたどりながら登っていると、斜面が急に暗くなってきた。空を見上げると、真っ黒な雲が鹿島槍ヶ岳の空を覆い、いまにも唐松岳の上空を覆い尽くそうとしていた。周囲は夕暮れのように暗く、大荒れになりそうな雲行きに、慌てて下山をした。

山を下りて間もなく、雷鳴が轟くどしゃ降りの大雨となった。かろうじて素早い判断ができたことにホッと胸を撫で下ろした。

残雪の唐松岳は、残念ながら途中で下山してきたので、今度は、翌週に常念岳に登る計画を立てた。

常念岳の名前の由来は、日本アルプスのパイオニアであるウェストンによると、ある日密猟者がこの山の谷間で野営していると、お経と鐘の音が夜通し聞こえ、良心の呵責から、再びこの山に近づかなかったと言い、それを聞いた麓の人びとが、この山には、常にお経を念じている僧がいるというので常念岳と名前を付けたとされている。

標高が二八五七メートルある残雪期の常念岳は、ゆとりを持たせて、山小屋に一泊の予定で山行計画を立てた。

ヒエ平登山口から登ることにしていた。勤務が終わり、深夜に家を出てからは、高速道路の関越道、信越道、中央高速道をひた走り、安曇野インターを降りて一般道を走って、ヒエ平登山口の手前にある一ノ沢の駐車場に着いたのは、まだ暗闇が覆う夜明け前だった。激しく流れる川の音だけが大きく聞こえてきている駐車場に車を停めて朝を待った。

暗い闇がしらじらと明けると駐車場のすぐ横に、勢いよく流れている川があり、川べりは、鬱蒼とした深い山に囲まれ、朝靄の中にヒエ平の登山口に向かう急坂の道が見えていた。勾配のキツい坂道を歩いて、ヒエ平の登山口へ行こうとすると、小さなザックを背負って駐車場の中を横切ってゆく人がいた。

こんな朝早く山の中を歩くのは、常念岳に登る登山者に違いない。きっとヒエ平の登山口に行く近い道を行くのだろうと、その人の後をついてゆくと、駐車場の林の奥へと入り、やがて勢いよく流れる川に突き当たった。

彼はどうするのだろうかと見ていると、いきなり川の水面に出ている石の上を、八艘飛びのようにして向こう岸にあっと言う間に渡ってしまった。重いザックを背負っていてはとても危険で、石の上を飛んで渡り歩くことなどできない。立ち止まっていると、彼が振り向いて何か言っている。

だが、声は水の音で掻き消されて聞こえない。それが分かると、釣竿を手に持って、魚釣りに行くのかと言っているらしい。手を横に振ると、指をさして駐車場の上の登山道を行け、と教えてくれた。

近道があると思い込んで後をついてきてしまったが、彼は釣りに来たのだった。そうとは気がつかずに、少しでも楽をしたいという気持ちから、危険なことになるところだった。

気を取り直して、坂道となっている登山道を歩き、ヒエ平の登山口で登山届を出して、午前五時三〇分に登山開始となった。常念岳の登山コースは、河原の石がゴロゴロした上を歩き、何度か沢を渡りながら登っていく。この時期は登山者が少ないので、登山コースを見失ったら道に迷いそうだった。沢づたいにしばらく歩いて、白い水しぶきを上げて激しく流れる川のところまで来ると、数人の登山者が歩いていた。彼らの後をついてゆけば、道に迷うこともないと思い、道迷いの心細から解放された。

彼らは、比較的流れの緩やかな浅瀬のところで、水面から出ている石の上を歩いて向こう岸に渡り、さらに沢を遡って山の奥へと入っていく。やがて残雪の雪渓登りとなってきて、アイゼンを付けて歩くようになったが、雪質は軟らかく登山靴が雪にのめり込み疲れが増してくる。

息を切らせながら雪渓を登り終えて、最後の水場のところにたどり着いた。そこから先は、山側に登る急登の雪の斜面で、雪を固めて階段状に登りやすくしてあったが、足の筋肉を最大限に酷使される急斜面だった。そこを登り、山の上へ行けば行くほど深い雪になっていた。

勾配のきつい斜面は、春の暖かな陽気で、雪質はさらに柔らかく、雪面を勢いよく踏み抜き、疲れが酷くなってきた。必死に登っていると、誰が踏み抜いたのか、雪の表面を突き抜けた大きな穴がポッカリ空いていた。下を覗くと、雪の下には木の枝が見えていて、そこから真っ逆さまに落ちそうな地面があった。

この場所は、樹木が生い茂った木の上に積もった雪の、そのまた上を歩いているのかと思うと、何か不思議な気持ちだった。しかし、ここから落ちたら大変なことになるので、細心の注意を払いながら、柔らかな雪の斜面をさらに登っていく。春の陽気で溶け出している柔らかい雪の斜面は、雪面に体重をかけた途端に崩れて踏み抜いてしまうことが多くなり、疲れが重なり、少し登っては休み、また少し登っては休みを繰り返した。

アイゼンがすべって体力が奪われ、バテてきたが、今日は常念小屋に一泊するので、どんなに疲れても気持ちにはゆとりがあった。この斜面はトレーニングだと思い、息を切らして登っていくと、休憩中の六十歳ぐらいの夫婦に出会った。

「こんにちは、どこからですか」と尋ねると、和歌山から七時間かけてきて、登山をしているのだと言う。それでは、常念小屋に一泊して同じ部屋になるかも知れないと思い尋ねた。

「今日は、常念小屋に泊まりですか」

「いいえ、日帰りなんですよ。明日は、また仕事があるので、常念乗っ越しにある山小屋まで行ったら帰ります」と笑いながら話していた。

これから日帰りでは、ヒエ平の駐車場に戻るのは夕方になるだろうし、それから和歌山に帰るのかと思うと、すごいタフな人たちだ。和歌山から来て日帰りする彼らに比べ、埼玉から来た自分が山小屋に一泊するのは、なぜか恥ずかしく、情けないように感じていたら「おたくは、今日は泊まりですか」と訊かれた。

和歌山より断然近い埼玉の自分が、山小屋に一泊するとは言えなくなった。

「いいえ、私も常念岳に登ったら帰ります」

帰ると言ってしまったら、山小屋に一泊しようとしていた甘い気持ちは、どこかに吹き飛んで、チャレンジ精神がむっくと頭を持ち上げてきた。日帰りなら、早めにヒエの登山口まで戻らなければならない。日が暮れては寒さも厳しくなりそうで、急がなければならない。

単独行の自分が最後の登山者になると、思わぬアクシデントに遭うかも知れない。遭難の危険だってあり得る。何としても和歌山へ帰る二人より早く下山しなければならない。

身体は疲労感に包まれていたが、必死に登った。すると、目の前に行く手を阻む急斜面となった雪壁が現れたが、急な斜面も夢中で登っていくと頭上が急に明るくなって、眩しいほどの光が射し込んできた。

顔をあげると、澄み切った青空に真っ白に冠雪した槍ヶ岳や穂高連峰の雪景色があった。突然飛び込んで来た光景に息を呑んだ。後から登ってきた和歌山のご夫婦も「わー、すごい景色ね」と感嘆の大きな声を上げた。

稜線上に立つと、赤い屋根の常念小屋があり、その前は広い休憩場になっていた。和歌山から来た彼らがゆっくり休んでいる間に、ザックを山小屋に置いて山頂を目指した。和歌山から来た人たちよりも一足早く下山したかったので、昼飯を食べ終わると、ザックを山小屋に置いて、岩だらけの急登を、疲れた身体にムチ打って登った。

常念岳の山頂に立つと、槍ヶ岳や奥穂高連峰の雪化粧した美しい姿が間近に見えた。迫力のある景色をいつまでも眺めていたかったが、ゆっくりしてはいられない。山小屋まで駆け下りるようにして引き返した。

山小屋で下山道を確認すると、山小屋の娘さんは「ヒエ平登山口まで三時間かかるので、下山には気をつけてお帰りください」と注意してくれた。ヒエ平まで約三時間と分かれば、早めの下山開始だ。遅くも陽の出ている三時頃までにはヒエ平の登山口に着きたいが、時刻はすでに十三時を少し回っていた。

ヒエ平に着くのは四時近くになるかも知れない。薄暗くなってしまうかも知れないと思いながら、悪戦苦闘した雪の急斜面を一気に駆け下りた。

下山で走るのは危ないが勢いよく駆け降り、ときどき転んだり雪を踏み抜いたり、顔面から雪面に激突することもあったが、どうにか下山した。

最後の水場に降りてきたが、この先の沢伝いは雪が残っていて歩きにくい。それでも急ぎ足で下りて、雪渓が終わると、雪解け水が流れる沢に沿って走った。

夢中で走っていったら、いつのまにか浅瀬の川を渡り損ねて水かさが増した激流部まで来て、行き止まりとなってしまった。慌てていて浅瀬で向こう側へ渡るのを見過ごしていたのだ。どこかで水かさの浅い場所を見つけて川を渡らなければならなかった。

少し上流に戻ると、大きな石が水面にいくつか出ている場所があったが、そこは川の勢いがまだ激しく、大きな石のところでは白い水しぶきを上げて流れている。もう少し上流の浅瀬を渡ったほうが安全だったが、水面に出ている大きな石の間隔は狭く、向こう岸まで続いていたので、簡単に渡れそうに見えた。

時間をムダにしたくない安易な気持ちで、水面に出ている石の上を渡ってゆく決心をして、石をめがけて思いっきり跳躍した。そのとき、背負った重いザックが浮き上がり、着地と同時にドスンとザックの重みが背中に加わって後ろへ引きずられた。あっ、と思う間もなくバランスを崩し、川の中に落ちかけて、慌てて石にしがみついた。

なんとか川の中に落ちるのをこらえることができたが危なかった。それからは、ゆっくり歩いて、無事にヒエの登山口にたどり着くことができたが、登山に焦りは危険だと感じる出来事だった。

山に登ると、そこかしこに神を祀った祠や石仏があって、昔から山に対する人々の信仰が厚いのだと気づかされることがある。自分もどこかで神様に守られているのだと感じた今回の山行だった。

北穂高岳

北穂高岳の標高は三一〇六メートル、日本の山岳では九番目に標高の高い山だ。山小屋からは常念岳や槍ヶ岳がよく見えて、山小屋のすぐ上にある北穂高岳山頂から、南岳《みなみだけ》、中岳《なかだけ》、大喰岳《おおばみだけ》、槍ヶ岳を見下ろし、そこから左に目をやれば、奥飛騨の名峰、笠ヶ岳《かさがたけ》が見える。

山小屋からキレットを越えれば、南岳から槍ヶ岳へと行くことができる。この大キレットにチャレンジしたいと思ったのは六十五歳のときだった。その頃は、次から次へと登山をする意欲に燃えていた時期で、今年こそは南岳から北穂高岳に登ろうという強い意欲が湧いていた。

大キレットは、鋭い崖になった危険な岩場ばかりで、滑落者が多いと言われている場所だ。登山計画を立てるとき、北穂高岳の山小屋で話をした山男のことが思い出されてきた。

「今日はどちらから登ってきたのですか」

「南岳から大キレットを通ってきました」

「大キレットを制覇してきたのですか、すごいですね。危なくないですか」

「僕の前を歩いていた女性が滑落して、ヘリで救助されたのを見ましたよ」

だが、恐れてばかりいては登山はできないまま歳をとってしまうので、体力や気力が充実しているいまが、チャレンジできる最後のチャンスかも知れない。

今回の山行計画は、槍沢ロッヂで一泊、二日目は南岳に登って南岳の山小屋に一泊、三日目は大キレットを制覇して北穂高岳へ縦走する登山計画を立てた。

この山行計画を立てて、私より二十歳も若い山友達を誘ったら、「それは危険ですよ。やめたほうがいいです」とにべにもなく断わられ、仕方なく単独登山となった。

登山決行の日、夜通し車を走らせて、沢渡《さわんど》の駐車場に着くと、朝一番のタクシーに乗って登山口の上高地へ向かった。上高地のバスターミナルの広場は閑散としていて、いまにも雨が降り出してきそうな灰色の雲に覆われていた。上高地から梓川に沿って歩く人の数はまばらで、黙々と歩いている。

奥穂高連峰と槍ヶ岳の分岐点になっている横尾山荘までは、いつもなら早歩きでその日の調子を試していたが、今日は槍沢ロッヂに泊まるだけなので、明日の南岳から北穂高岳の厳しいキレット越えに備えてゆっくりと景色を楽しんで歩いた。

槍沢ロッヂに着くと、シーンと静まり返っていて、沢を流れ下る水の音だけが山に染み渡るように大きく聞こえていた。まだ梅雨空が垂れ込めて登山をする人が少なかった。ハイシーズンには多くの登山者で賑わう前庭に、たった二人の登山者がテーブル席で寛いでいるだけだった。南岳からのキレット越えが不安になり、二人が寛いでいるテーブル席に行って、山の様子を尋ねてみた。

「こんにちは、どちらから来られたのですか?」

「名古屋からです」

「槍ヶ岳に登られてきたのですか?」

「きのう槍ヶ岳に登って、槍ヶ岳山荘からいま帰ってきたところです」

白髪の目立つ登山者が、ニコリともせず仏頂面で話してくれた。これから上高地まで戻るのだと言っていたが、少し疲れているのか、沈んだ顔していた。

「それで、槍ヶ岳はいかがでしたか」

「雨と霧でガスっていて、何も見えないし、散々な登山だったよ。何のために槍ヶ岳まで登ったのか分からないわ」

「そうでしたか、でも山はいつでも待っていますから、また今度来たときはきっとよい天気になりますよ」

「そりゃあ、山は逃げないけどさ、俺たちは歳を取ってしまうからな、またこの次、来られるかどうかも分からないよ」

そう話しながら、どんより曇った梅雨空を恨めしそうに見上げていた。

確かにそう言われてみれば、自分も同じように歳を取る前に大キレットにチャレンジしに来たのだ。今回キレット越えができなければ、もうキレット越えはできないだろうと思っていた。

彼らにお礼を言って、隣のテーブル席で、昼飯を食べながら明日のキレット登山を思い浮かべていた。天気予報では明日は晴れることになっていたので、三点確保（手足四本のうち、一点だけを動かし、残り三点で身体を支える）さえすれば、きっと制覇できるだろうと心がワクワクしてきた。

いつの間に来たのか、後ろのテーブル席で休んでいた登山者が、一緒に休ませてくれないかとやってきた。

登山服姿に坊主頭の男性で、一緒にいた女性は、街中の散歩にでも来たかのような、派手な赤い花柄模様のブラウスを着ていた。三十代に見える若く綺麗な人だ。クリッとした大きな目をしていて、小麦色の肌に、色鮮やかなブラウスがよく似合っていた。赤茶色の髪を肩まで伸ばした若い女性が、白髪頭の山男と一緒に、山の旅をしている姿が、なんとも不自然に見えた。

男性の登山者は半身に麻痺があり、ぎこちなく足をフラつかせながら席に着いた。神奈川から来た人で、槍沢ロッヂに二泊して、翌日は横尾山荘に一泊、その次は上高地に一泊して帰るのだと言う。ずいぶんのんびりした山行だと思って聞きながら、彼に寄り添うようにしている若い女性が気になった。

二人は親子なのだろうか、それとも友達なのだろうか、もしかして……といろいろ想像をしていたら、どうしても聞かずにはいられなくなった。

「失礼ですが、こちら娘さんですか?」

「ワイフです」と言う。

席に着くとき彼を抱きかかえるように介助していたので、なるほどと思った。それにしても若い奥さんを連れて、山小屋に泊まろうとするのは、よほど二人は山が好きなのだろうと、彼の登山歴を聞くと、彼は高校生の頃から登山をしていた根っからの山男だった。

「それでは、この辺りの山はみんな登られたのですか？」

「ここは何度も来ていますよ。実はね、三年前、山の好きな仲間を連れて登山をすることになって、楽しみにしていたら、登山前日に倒れてしまってね。でも、翌年に、リハビリと思い奥穂高岳に登ってきましたよ」

後遺症のある不自由な身体で奥穂高岳に登ることなど、信じられない話だったが、凄い山男だと思わずにはいられなかった。五体満足な自分でも大変な山なのに、と尊敬の念が出てきた。

「それで、いまでも山に登っているのですか？」

「最近、車の性能がよくなってね、片手でも運転できるんで、好きな山に登ってますよ」

と笑顔で話す。

彼と話している間にも、ワイフと紹介された女性は、彼に寄り添い、食べ物が口からこぼれたりすると、素早くティッシュペーパーで口のまわりを拭き取りながら、何かとこまめに彼の世話をしていた。

「最近、お二人でどこかの山に登りましたか?」

「この間、二人で登山をしたらね、ワイフは、元気だから、下山になったら、どんどん先に行ってしまうんだ、俺が後から降りていったら、駐車場にワイフがいないんだよ。地図を見ると、下山道の途中から脇道が出ていたんで、そこで、間違って下りたのだろうと、下山口へ行ったら、そこにも彼女がいないんだ。遭難でもしたのかと思っていたら、一台の車が来てね、女性を登山口の駐車場に連れていったと言うんで、また登山口の駐車場まで引き返して見たら、かみさん暗くなった駐車場で、ひとりで泣いていたんだよ」


彼が笑いながら面白そうに話をしていると、献身的に介護していた女性の顔色が急に変わり出した。

「アノトキはアナタがイケナイ。チャント教えてくれないから、だからアナタが悪い。アナタが悪いヨ」と片言の日本語を使って、泣き出さんばかりの声で彼を責め立てた。

彼も真剣な表情になり「そうじゃない。いいか、山に登るときは地図をよく見て、自分の歩く道をちゃんと理解しないとだめなんだ。生き死ににかかわってくるんだからな。お前がシッカリ地図を見て準備をしないのが悪いのだ。山とはそういうものだ」

そう叱り口調で言うので、彼女は、いまにも泣きべそかくような声で必死に訴えた。

「アナタが、アナタが先に教えないから悪い。アナタが悪いヨ」

とうとう口喧嘩になってしまった。二人の会話を聞いていると、明日の大キレットの恐ろしさが、急に重くのしかかり、落ち着かなくなってきた。早々に山小屋へ引き上げて宿泊の手続きを済ませた。

部屋でゆっくり寛いでいると、登山者が徐々に増えてきて、部屋の中はいつしか満室になり、明日の槍ヶ岳登山の話題で賑わってきた。

みんな槍ヶ岳に登る人ばかりで、南岳から北穂高のキレット越えに挑む人はいなかった。南岳からのキレット越えは、厳しい崖の岩を梯子や鎖を使いながらの登山になる。誰もチャレンジする人がいないので、一抹の不安を感じてきた。

山仲間の友達が言っていた「それは危険ですよ」という言葉が思い起こされ、布団に入ってからも、不安でなかなか寝付かれなくなった。

前夜の徹夜での行動の疲れを取ろうとするが、大キレットのことで頭の中は冴え渡って眠れず、渓谷を流れる水の音が耳元に大きく聞こえてくる。ときどき耳を澄ましていると、川の流れる音と重なり、時折木の葉を叩く雨の音がしている気がする。

天気予報では、明日は晴れることになっていたので、気のせいだろうと耳を澄ましていると、屋根を叩く雨音も聞こえ、のんびり寝ていられなくなってしまった。

外の様子を見ようと玄関を開けると、山小屋の電灯に照らされた雨が長く白い糸を引くように、激しく降っていた。今日の天気は、晴れるはずなのにどうして雨が降っているのだろう、と思ったが、山の天気は変わりやすいので、朝には、晴れているだろうと思いなおして再び眠りについた。


翌朝起きてみると、どんよりした鉛色の空から、雨はまだ激しく降っていた。一向に止む気配がなく、白い霧が山の景色をすっかり消していた。キレット越えの岩場は、滑落の危険があり、南岳からのキレット越えの夢ははかなくも消えてしまい、心の中は、空と同じように暗く落ち込んでしまった。

朝食後は、後ろ髪を引かれる思いで上高地へ向けて下山を始めた。木の葉を叩く雨の音を聞きながら、一時間ほど歩くと、降っていた雨はいつしか小降りになり、横尾山荘に着く頃には雨が止んだ。しかし空を見上げると、まだ黒い雨雲が低く垂れ込めていて、辺りは白い霧に包まれたままだった。

このまま上高地に引き返さなければならないのかと、トボトボと歩いていると、情けないような気持ちになり、北穂高岳に登れる登山道があるというのに、何とも最悪の日になったものだと思った。そして、横尾山荘を横目に通りかかると、このまま上高地に下山するか、北穂高岳に登るかで迷い始めた。

ガスっていて何も見えない北穂高岳に登ったところで疲れるだけで面白くはなく、心がまた落ち込み、再び下山道を歩き始めた。

このまま上高地に帰るしかないのはわかっていても、まだ未練の心があって、再び背後を振り返ると、登山道は濃い霧に包まれて、まったく何も見えない。北穂高岳に登るのを諦めかけたとき、フッと大高取山で雨の中を、滑ったり、転んだりしながらトレーニングしたことが思い出された。

そうだ、トレーニングであれば、ガスっていようが、雨が降っていようが何の問題もないはずだ。そう思った途端に、火がついたようにチャレンジ精神が湧き上がり、足は霧に覆われた北穂高岳の登山道へ向かい歩き出していた。

北穂高岳へ歩き始めて間もなく、小雨模様の霧雨となり、一度ザックに入れたレインウェアを再び着て歩いた。横尾山荘から、緩い上り坂の砂利道を歩き、やがて本格的な登山道を歩いていくと、レインウェアの中は蒸し風呂のような暑さになり、汗が吹き出て、喘ぎながらの登山になった。これもトレーニングだと思えば楽しく、山の奥へと霧雨に挑むように黙々と歩く。

森閑とした山の中には、岩を咬んで流れる雪解け水の音だけが、この山の主のように大きく響き渡っていた。濡れた岩や木の根は滑りやすく、一歩、一歩、バランスを取りながら歩いた。

やがて登山道は沢から離れ、山側へ一気に急斜面になる岩場は、キツい急登で一足ごとに息が荒くなり、辛くなってきた。しかし、休まず登っていく。

あまりにもトレーニングを意識して身体に負荷をかけ続けたので、涸沢《からさわ》カールのヒュッテ小屋にたどり着いたときには、青息吐息のヘロヘロ状態になった。

ヒュッテ小屋の長椅子に腰掛け、疲れた身体を休めながら、北穂高岳のある山を眺めたが、空と一体化した霧に包まれ、何も見えない。

無理して北穂高岳まで登ることもないと、弱気になった心が頭を持ち上げてきて、この先の急登となる斜面に挑むのは、止めようかと思案するようになってきた。

チャレンジ精神も萎えてきて、トレーニングの目的は、ほぼ達成できたと納得している自分がいた。そして、目の前にある山小屋に泊まってゆっくりくつろぎたい衝動に駆られ、このまま北穂高岳に登らず、ヒュッテ小屋に泊まれたらどんなにいいだろうと思った。しかし、ここで気持ちが折れたら、きっと後悔することになる。北穂高岳を目指してきたので、ここでは終われないと、強気の心が反発してきた。弱気になっていた気持ちを振り払い、自分自身を奮い立たせた。

ヒュッテ小屋の先にある涸沢小屋から、急な斜面となる登山道は、見通しが悪く慎重に登っていく。急登のため、息切れが激しくなり、体力が削がれてゆく。レインウェアは蒸し暑く、大粒の汗が吹き出てきた。

レインウエアを脱ぎ、ザックにしまうと、冷たい霧雨が、上気した身体を優しく冷やしてくれた。さらに高度を上げていくと、大きな一枚岩が行き先を遮るように現れた。

岩を見上げると、登攀方向を示す◯印が、岩の上部に付けてある。その岩には足のつま先がようやく乗せられるほどの小さな出っ張りが斜め上へと続いていたが、上の方までは霧に包まれて見通せない。

この岩の壁を登っていくのは、かなり危険そうだったが、小さな岩の出っ張りに足を乗せて、斜め上へとボルダリングのようにして登り始めた。が、途中で小さな岩の出っ張りは途切れてしまい、先にゆく手段がなくなっていた。下を見ると、霧の中にぼんやりと岩を回り込むように細い登山道が見えている。

「しまった！」と思ったが、もう遅い。すでに岩壁にへばりついたまま、身動きができない。そのまま数分経ったが、誰もこの悪天候の中、北穂高岳を目指して登ってくる登山者は現れそうにない。

この状態から逃れるには登山道まで二メートル近く飛び降りるしかないが、登山道の周囲には岩や石がゴロゴロしていて、迂闊には飛び降りられない。

背には一眼レフのカメラが入った重いザックを背負っていて、後ろ向きに飛び降りれば、足を骨折するか、バランスを崩して岩に頭を打ちつける危険性がある。

重いザックを先に投げ降ろせばなんとか飛び降りられそうな気もしたが、岩から手を離した瞬間に滑落してしまう。どう切り抜けたらよいか思案を巡らせたが、どうにもならない。いつまでもこのままの状態でいる訳にもいかず、霧が薄れてくるのを待って飛び降りるしかない。しかし、なかなか決心がつかない。

下を眺めていると、濃い霧が少し薄れ、登山道がはっきり見えてきた。飛び降りるのはいましかない。あとは運を天に任せ、着地したときの衝撃を少しでも和らげられるようにイメージしながら着地地点を確認すると振り向きざま、エイッとばかり飛び降りた。

ドスンと尻餅をついた衝撃と、ザックの重みがガクンと身体にかかってきたが、衝撃はそれだけで、大きな痛みはどこにもなく無事に登山道に着地できた。胸をホッと撫で下ろしたが、疲れて集中力がなくなり、霧に惑わされたとはいえ、単独行であるがための試練だった。

それからは、集中力をいっそう高めて、慎重に登っていくようにした。やがて、大きな岩や、石がゴロゴロした登山コースになってきて、岩に付いた登山コースを示す目印を見落とさないように、注意しながら登っていく。

急登の登山道を登っても登っても山頂はどこにも現れてこない。見上げた先の山頂らしき岩山の頂を目指して登っていくと、また急登の岩山が現れ、北穂高岳の山頂はどこへ消えてしまったのか、なかなか姿を現さなかった。

体力の限界でフラフラになり、立ち休みする時間も長くなってきたが、自分との戦いに挑んだ。

何度も少し登っては休み、また少し登っては休みを繰り返し登っていくと、記憶の中にあった、涸沢岳と北穂高岳の分岐点になる標識がようやく現れた。北穂高岳の山頂はあと少しだ。この先を歩いた急登の岩山を登れば、今度こそ北穂高岳の山頂にたどり着くはずだ。

長時間辛い登山だったが、それも後少しの頑張りで、山頂にたどり着くと思うと、その安堵感から緊張の糸が切れて、ドッと疲れが重くのしかかってきた。山頂に向かって、急勾配を登ろうとすると、一度気が抜けた身体はもう思うように動かない。

必死になって一歩一歩喘ぎながらたどり着いた北穂高岳の山頂は、白く漂う霧が雲のように湧いていて、景色は何も見えなかったが、自分自身と闘い、山頂に立てたのだという達成感に満たされ、嬉しさが湧いてきた。

北穂高岳を制覇した後は、山頂直下にある山小屋で宿泊の手続きを済ませ、一息ついて、山小屋の外にあるベンチに腰掛けて休んでいると、そこへ、眼鏡をかけた、すらっとした背の高い青年が、「昨日はどこからですか?」と話しかけてきた。

彼は、優しそうな爽やかな好青年で、次から次へと話しかけてくる。山男同士の話となると尽きることなく、体験談など話して楽しく時間を過ごしていたが、ずぶ濡れで山荘にたどり着く登山者が少しずつ増えてきた。

みんな疲れ果てた様子で、山小屋の中へ入っていく。この悪天候の中を登ってくるのは、若者が多く、登山経験豊富そうな人ばかりだった。そのうちの一人で徳島から来たというハンサムな若者が、山小屋の中から出てきて、先ほどの青年と一緒に話の輪に加わってきた。

彼は、会社の仕事が終わると徹夜で高速道を走り続け、北穂高岳を目指してきたのだという。明日は、ここからキレットを通って南岳へ、そして槍沢ロッヂに一泊して、上高地に帰るのだと話していると、若者たちはキレット越えの話で一気に盛り上がった。

槍ヶ岳に向かうキレット越えは、この山小屋から急激に落ち込む崖になっていてかなり危険だ。それに、雨が降っていれば、足元も分からないほど霧が湧いて、危険だと思うのだが、彼らは、とても楽しそうに話している。

少しぐらいの悪天候など、気にも止めていない様子で、一緒に行きませんかと、私を誘ってくれた。誘われるとチャレンジ精神が湧き起こってきて、崖を下る自分の姿が思い浮かんできたが、自分のレベルで悪天候の中をキレット越えするのは、やはり危ないので、一緒に行きたいという気持ちを必死にこらえた。

夕食の頃になると、雨は上がっていたが、黒い雲が陽射しを遮っていて一向に晴れる気配はなく、明日もよい天気は望み薄い。消灯時間の七時には、急に部屋が真っ暗な闇の世界になったので、明日に備えて早く眠りにつこうと目を閉じていたが、明日の下山のことが思い浮かんできて、雨に濡れた岩場は大丈夫だろうかと気になり出した。

ウトウトしながら夜中に目が覚めて、時計を見るとまだ十一時だ。布団から、そーっと抜け出し外の様子を窺うと、何も見えない漆黒の闇に包まれていて、一歩でも歩けば三一〇〇メートルの北穂高の山小屋から、一気に崖に落ちる恐怖を感じて玄関先から動けない。暗い空を見上げてガッカリして再び布団に潜り込んだ。

一眠りして目が覚めたら、部屋には誰もいなかった。外は雨かも知れないのに、みんなどこへ行ったのだろうかと、急いで起きて玄関のガラス戸を開けると、思いがけない光景が目に飛び込んできた。

目の前には、地平線から昇ろうとする赤く燃える太陽が、空と闇の世界を真一文字に切り裂いて空を紅く染めていた。思いがけない光景を眺めていると、話好きの青年がやってきて、こっちの方が凄いですよと、北穂高岳の山頂へと誘ってくれた。

北穂高岳の山頂は、見渡す限り荒波のような雲海が、足元から湧き上がっていて、真っ白な雪のような雲に包まれていた。その雲海は、北穂高岳と槍ヶ岳の間にある大キレットを滝のように乗り越えて、立山連峰の笠ヶ岳の頂にまで迫っていた。

雲海に取り囲まれた常念岳は山頂を少しだけのぞかせた、小さな孤島となり、赤々と燃える太陽の光を受けて、赤や朱色、薄い紫色や淡いピンク色、オレンジ色になってゆく。そして荒波のような雲海は、やがて金色に輝きながら昇ってくる太陽に染められてゆく。太陽が眩いばかりの光を放ち、朱色がかかった黄金の光となって空と雲海を染め上げる神秘的な美しさに、北穂高岳の山頂は厳かな雰囲気に包まれ、誰もが微動だにせず食い入るように眺めていた。

自分の汚れた心が洗われる気がして、思わず手を合わせた。

きのうは、悪天候の中を、トレーニングだと思いながら登ってきたのに、こんな素晴らしい光景にめぐり逢えることができて山はいいなあ、と心底感動した北穂高岳の山頂だった。

剱岳

北穂高岳の素晴らしいご来光に出逢えた翌年の夏には、大キレットに再チャレンジしたいと思っていたが、ネット検索していたら剱岳が目に止まった。いままで剱岳に登ることなど考えたこともなかったが、槍ヶ岳、奥穂高岳、駒ヶ岳、北穂高岳、北岳《きただけ》などの岩山の登山を経験してみると、剱岳にも登れそうな気がして、それなら高齢になる前に剱岳にチャレンジしたいという気持ちが強くなってきた。

山に興味を持ち始めた頃に、山仲間のM君と一緒に奥穂高岳登山をしたとき、彼は、笑いながら「いつか剱岳に登りませんか」と言ったことが思い出された。そのときは、「とんでもない、剱岳は危険で、僕らが登れるレベルの山じゃないよ」と強く否定したのだが、いまなら登れそうな気がした。

改めてインターネットで剱岳を検索すると、想像していた通り、危険な岩場や鎖場が多く、いままで以上にトレーニングしなければ登れそうになかった。特にカニノタテバイと、カニノヨコバイの難所は、多少の岩場の経験があるだけではむずかしく、諦めようかとさえ思ったが、年とともに、体力も気力も衰えてしまうので、いましかチャンスはない、と思うと、トレーニングを積んででも登りたい気持ちが強くなった。

今回の山行も、単独行で無事に登れるのか心配なのだが、その不安感よりもワクワクしてくる気持ちが大きくなる一方だった。

剱岳の登山計画を立てた日から、毎週のように大高取山に登り、小さな岩場やザレた（細かい小石や砂に覆われた）山道を駆け下りたり、駆け登ったりしてトレーニングを始めた。大高取山より一〇〇メートルほど標高の高い鼻曲山《はなまがりやま》にも登り、全力を出し切って身体を鍛えたが、どうしてもやらなければならない岩場は適当な場所がなく、トレーニングできないまま時間が過ぎてしまった。

剱岳の登山日まで一週間ほどに迫ってきて、半ば岩場のトレーニングを諦めていたとき、いつものように昼休みにランニングしていたら、ボルダリングの店があった。まだ新規に開店したばかりで、店の前には大きなお祝いの花がいくつも飾られている。

ボルダリングなら岩場を想定したトレーニングになりそうだと思い、翌日に店を訪れると、小学生ぐらいから三十代ぐらいの若者で賑わっていて、五十歳以上の年配者は誰もいなかった。

白髪頭の年寄りが小さな子どもや若者に混じってボルダリングをするのは、少し恥ずかしかったが、危険な劔岳に命が懸かり、ほかにトレーニングできる機会もなく、そんなことは気にしていられなかった。基本ルールを教えてもらい、小さな子どもや若者に混じって必死にトライした。

ボルダリングの壁には、赤、黄、緑、青など色彩豊かに手のこぶし大から、ハンドボールぐらいの大小さまざまな形の違う石が張り付いていて、同じ色の石を掴んで移動する。ボードの高さは三メートルぐらいで落ちてもケガをしないように、下には柔らかなマットが敷いてあって怖さはない。簡単に登っていけそうに思えたが、初日は上手くいかず落ちてばかりいた。

二日目は、慣れてきて登る要領を覚えた。しかし、一箇所だけ、どうしても足が届かない箇所があった。右の壁から石を伝い歩いて、左側へ曲がる箇所に来ると、どうしても左足が次の石の上に届かず落ちてしまう。何度トライしても同じだった。失敗ばかりしていると、見かねていたインストラクターが「右膝を壁に押し付けてから、左足を出してください」と助言してくれた。

右の膝を壁に押し当てて曲がってみるとなんとかクリアできた。インストラクターが、「上達が早いですね」と褒めてくれたが、剱岳の岩場を登るにはまだ不安だらけだった。しかし、たったの二日間のボルダリングでも、必死に剱岳の岩登りを想定しながらのトレーニングができたので、気持ちはだいぶ楽になり、剱岳に登る不安が少し和らいだ。

そして、いよいよ登山の前日になり、仕事が終わるとすぐに支度を整えて、深夜に黒部の扇沢の駐車場へと車を走らせた。扇沢の駐車場までは睡魔との戦いだった。あくびをしながら午前三時頃に扇沢の駐車場に着き、少しでも仮眠をしようとしたが、単独行で剱岳に登る不安からか、駐車場に着いた途端、頭が冴えわたって眠れなくなってしまった。

仕方がなくトロリーバスの出発時間にはまだ早いが、早めに扇沢駅の切符売り場に行った。切符売り場には、すでに二十人ぐらいの登山者が大きなザックを並べて待機していた。最後尾に並んで待つうちに、夜はすっかり明けて、バス停に登山客を乗せた大型バスが止まると、大きなザックを背負った登山客が数人降りてきた。登山者の中でも、ひときわ大きなザックを軽々と背負った人が、真っ黒に日焼けした顔をニコニコさせながら、私のところに来て挨拶をしてきた。

「おはようございます。どちらへ登られるのですか？」

「明日、剱岳に登ろうかと思っているんですが、おたくはどこの山に登るのですか？」

「黒部ダムから沢伝いに剱岳に登っていく予定なので、山小屋で一緒になるかも知れませんね」

定年を少し過ぎたぐらいの兵庫県からの登山者で、贅肉のない鋼のような体つきをしている。挨拶を交わし、山の話をすると、目を輝かせながら体験談を話してくれた。

彼の登山スタイルは、ロープやナタを持って道なき道を登っていくという。ガイドブックにないルートを登る山岳経験豊富な方だった。

「人があまり登らない山に地図を頼りに行くのは危なくないですか」

「地図は持っていっても、あまり見たことないですよ」

「えっ、どうしてですか」

「霧に巻かれたり、強い雨や風が吹くと地図なんて役に立たないから、地図を頭の中に入れて登っているんですすよ」

「それでは道に迷ったりしないですか」

「道が分かりづらいときは、リボンをつけながら登っていくんで大丈夫です」

「いままで、危険を感じたことありますか」

「濃い霧に巻かれて、動けなくなったことがありましたね」

「どうしたんですか」

「そのときは動かず飯を食ったりして、時間を潰して霧が薄れてから登っていきました」

「そうなんですか、すごいですね。それでは、槍ヶ岳や奥穂高岳なども登られたのですか？」

「槍ヶ岳は何度も登ってますよ」

「えっ、では北鎌尾根《きたかまおね》からも登ったことがありますか？」

「北鎌尾根に登っていく前の日が大雨でね、登っていったら、監視委員の人がいて、君はロープを持っていますか？　カラビナは？　ヘルメットは？　ない。なければ残念だが、ここから下山しなさいと言うので、何だこの俺を誰だと思っているのか、何の問題もないだろう、と思っていたら、その監視委員の人は、山岳雑誌の社長している有名な登山家でね、登山者に注意をしていたんですね」

「それでも登っていったのですか？」

「北鎌尾根を登っていくと、槍ヶ岳の山頂直下は、オーバーハングになっていて、とても登れるようになってないんで、どうしようかと思っていたら、ちょうど後ろからロッククライミングをする人たちが来て、そのうちの一人が、山頂に登ってロープを出してくれて、上がってきていいよと言ってくれたので助かったよ」と笑いながら話してくれた。

彼の話を聞いていると、本当に特殊なバリエーションルートばかりを、好んで登山をしている人で、一般的な登山コースを登っている自分とは雲泥の差があった。

彼は黒部ダムが放水している川まで降りていって、そこから上級者しか登っていくことのできない、奥深い沢のルートをたった一人で重いザックを背負って剱岳に行くのだと言う。

その彼と、明日の剱岳登山に不安を抱いて、ビビっている自分のレベルでは、あまりにも実力の差がありすぎた。彼の話す登山コースや山小屋の話にも、とてもついてゆけなくなって、彼との話題に、次第に疲れを感じてきた。

剱岳に登る不安もあって、黒部ダムのところで別れ、肩の荷を下ろした。彼から解放されてホッとして本来の孤独な山行に戻り、ケーブルカーやロープウェイなどを乗り継いで、大自然の雄大な景色をのんびり眺めながら室堂《むろどう》へと向かった。

室堂駅に着くと、いよいよ剱岳登山の開始地点になり、ワクワクしてきたが、室堂はたくさんの観光客で賑わっていて、夏休みでやってきた子どもたちのはしゃぐ声や観光客の声が耳元に騒々しく聞こえてきて、なんとなく落ち着かない。

これから、危険な剱岳に登るのだという緊張感が、ざわついた雰囲気に馴染めず、そこから逃げるように、剱岳に向かう登山道へと足早に歩き出した。

神秘的な青い水をたたえたミクリガ池を通り過ぎ、左手に噴煙を上げる荒涼とした地獄谷の景色を眺めていると、ようやく心も落ち着いてきて、剱岳にいよいよチャレンジだという気持ちが高まってきた。

標高が二四五〇メートルある室堂平でも、朝からギラつく太陽に照りつけられると、汗ばんできて少しも涼しさを感じられないまま、長い階段の下り坂を降りていった。

坂を降り切ったところが、雷鳥平のキャンプ場で、聳える高い山に囲まれた窪地に色とりどりのテントが花を咲かせていた。

テント場の中を横切ってゆくと、雷鳥坂の登山口があった。ここから剱御前小屋まで約三時間の登山になる。急な登り坂を歩き出すと、真夏の灼熱の太陽がガンガンに照りつけてきて、汗が滴り落ちた。三時間ぐらいの登山なら大したこともないだろうと甘く思っていたが、真夏の灼熱の陽光が肌に痛いほど突き刺さり、地面からの熱を帯びた照り返しも加わり、呼吸は激しく乱れ、息も切れぎれになってしまい、早くも体力の限界になって、劔御前小屋にたどり着いたときには、足が上がらないほどバテてしまっていた。

標高二七六〇メートルの劔御前小屋から雷鳥坂を振り返ると、真夏の抜けるような青空と真っ白な雲海が目に飛び込んできた。そしてミニチュア模型のように小さくなった室堂のターミナル駅や、ナスカの地上絵を思わせる登山道が、曲がりくねりながら四方八方へと伸びている。ミクリガ池は真夏の青空を鏡のように映し込み、白茶けた山肌の地獄谷は白い噴煙を上げていた。まるで屏風絵を見ているかのような雄大な景色だった。

劔御前小屋にたどり着くと、別山《べっさん》を背に御前小屋があり、その先には、岩の鎧を着けた劔岳が威厳に満ちた姿でドンと構えている。明日は、いよいよ劔岳にチャレンジするのだ、と眺めていると、岩に覆われた厳しそうな劔岳の姿に、ワクワク感よりも不安が大きくなってきた。

そんな不安を振り払うように、今日の宿泊地である剣山荘《けんざんそう》へと勢いよく立ち上がって、剣山荘へ向かおうと標識を見ると、その先は登山道が三方に分かれていた。一番左側は、大日岳《だいにちだけ》への登山道なのだが、右側の二つのどちらの道だろうと悩んだが、一番右側の登山道を歩き始めた。

登山道を歩き始めると急な下り坂になり、歩いても歩いても下っていくばかりで、どこかへ下山している気がしてきた。剱岳はどこだろうかとみると、剱岳もいつのまにか周りの山に囲まれて見えなくなっていた。

山小屋は、剱岳の中腹辺りにあるはずだと、勝手に思い込んでいたので、いつかは急坂を登っていくのだろうと歩いたが、歩けば歩くほど下り坂になるばかりで、誰かに聞いて見たかったが、この登山道を登ってくる登山者は誰もいないので不安になってきた。

登山道はいつしか、ザレ場から大きな岩の上を歩くガレ場に変わり、すっかりどこかに迷い込んだ気がしてきた。剱御前小屋で登山道の標識をよく見て誰かに聞いてくればよかったと、いまさらながら後悔した。

このまま下っていくか、引き返すかで迷ったが、夏の灼熱の太陽に体力を奪われ、もう引き返す元気はまったくなく、登山を諦めなければならない不安に駆られてしまった。そんなとき、三人グループの女性が元気よく登ってきた。突然現れた彼女らに、すがりつくような思いで尋ねた。

「剣山荘に行くのはこの道で合っていますか?」

「はい、この下にありますよ」とニコニコしながら教えてくれた彼女たちは、まるで空から現れた女神のようだった。道を間違っていないことにホッと安堵すると、急に元気が出てきて、心も晴れ晴れとなり、足取りも軽く、ハイマツに囲まれた細いザレた登山道を、ルンルン気分で下っていった。すると、ハイマツに囲まれた細い登山道は、急角度に左側へ大きく折れ曲がっていて、その角を曲がった途端、山の景色が一変した。

青空を背に剱岳の威厳に満ちた姿が、目の前に大きく現れたのだ。ビックリして立ち止まって登山道を見下ろすと、はるか下方に剱小屋と剣山荘が小さく見えていた。谷底のようなところにある剣山荘から、明日は三〇〇〇メートルの剱岳に登るのは不可能だと気持ちが萎えるくらい遠くに見えた。

長い下り坂を進み、剣山荘には午後二時頃にたどり着いた。山小屋に到着すると、真夏の強い陽射しと徹夜からの行動で疲れがドッと出てきて、剱岳登山ルートを偵察に行くつもりだったが、その元気はまったく残っていなかった。

ビールを飲みながら、美しい裾野を広げた別山や、不安を募らせて歩いた登山道を眺めて、疲れた身体を心地よく癒した。すると、到底登れないと諦めかけた剱岳に、いよいよ単独で登るのだという気持ちが高揚してきた。そして、ビールの酔いも回ってきて、未知の世界に冒険する嬉しさで、心の中がワクワクしてきた。

のんびり寛いでいると、ドタドタと山を駆け下りてくる大きな靴音がして何だろうと振り向くと山小屋の裏手から六十歳前後の男女が、長いロープで結ばれたまま、倒れ込むようにして現れた。

二人ともヘルメットを被り、腰にはハーネスをつけ、そこにはたくさんのカラビナがある。見るからに山の経験を積んだベテランのようだった。男の登山者は、無事に山小屋にたどり着けた安心感からか、大きく息を吐き安堵の表情を浮かべ、いままで二人を繋いでいた長いロープを外した。そして、そのロープをぐるぐる巻き束ねて肩に掛け、無言で山小屋の中に入っていった。

女性は、緊張感の糸が切れたのか、肩で大きく息をしながら、ヨロヨロと歩くなり、いきなりバタッと両手をついて、地べたにペタリと座り込んでしまった。彼女は、よほど大きな恐怖を体験してきたのか、目はうつろの放心状態で、精魂尽き果てたかのようになって動かない。

その様子を見た途端、一瞬で剱岳の恐ろしさが身体の中を駆け巡り、雷に打たれたように身体が痺れ、飲みかけていた缶ビールを危うく落としそうになった。

少しすると、また、同じぐらいの年恰好の男女が、やはり腰にたくさんのカラビナを付け、頭にはヘルメットを被り、ロープで結ばれて下りてきた。彼らも疲れた表情を浮かべていたが、少し休むとロープに繋がれたまま、この先にある剱小屋へとゆっくりと歩いていった。

彼らの様子を見ていたら、剱岳は、ハーネスにカラビナをつけ、ロープなどの安全装備を装着しなければ登れないような、そんなに危険な山だったのか、と恐怖心が重くのしかかってきた。

そして、全身の力が一気に抜け落ちて、ワクワクしていたチャレンジ精神が、一瞬で吹き飛んでしまった。剱岳は、自分のような経験の浅い登山者が来るべき山ではなかったのだと初めて思い知らされたのだ。しかも、単独行でカラビナもなければロープを結び合う相手もなく、誰にも頼ることができない。「明日の登山は危ないから、ここから早く帰りなさい」と言われているような気がしてならなかった。

翌朝、疲れている身体は、昨日の登山者から受けた恐怖心に包まれたまま、熟睡もできずに、午前三時の起床時間を迎え、いよいよ剱岳に登る時刻になってしまった。いつまでもビビってはいられない。気持ちを切り替え、剱岳に登るしかないと気持ちを無理矢理鼓舞して急いで起きた。

登山の準備を整え、玄関を開けると、夜空に無数の星が美しく瞬いていた。空を仰ぎながら、岩場の経験はあるし、必ず無事に戻ってこられるはずだ、と自分自身を励まして気を引き締めた。

ヘッドライトをつけて、山小屋の裏側の登山道を登り始めたが、ライトを照らしても、照らされたところ以外は、深い闇に包まれてまったく何も見えなかった。これでは、初めて歩く登山コースなど危険で、とても登ってゆけそうにない。

玄関先の外灯の下に、数人の登山者が登山の準備をしていたので、彼らが登り出すのをしばらく待って一緒に登ろうとしたが、彼らは夜が明けるのを待っているのか、友達と楽しそうに話をしているだけで、一向に歩き出す気配はなかった。

このまま夜が明けて大勢の登山者で岩場が混んでからでは、経験が浅い自分は、特に危険だと思い、意を決して登山を開始した。闇に包まれた登山道は、急な登り坂になっていて、右に左にと、つづら折りで登っていく。ライトの光がときどき闇に吸い込まれ登山道を見失いそうになる。

ヘッドライトの灯りに頼りなさを感じながら慎重に登っていくと、やがて、大きな岩のガレ場に変わってきた。この辺りは、岩に付けられた○印を探しながら登ってゆかなければばならない。少し登っては、立ち止まり、岩に付けてある丸印を探した。すると突然、ヘッドライトの灯りが、岩に当たらなくなった。どこを照らしても、ライトの灯りは闇の中に消えてしまう。足元からヘッドライトの灯りを照らしてみると、乗っている岩の先は、ライトの灯りが闇に吸い込まれて何も見えない。その瞬間、ここは崖淵なのだと分かり背筋が凍りついた。

やはり、闇の中を一人で登っていくのは危険だ。誰か先に登っている人はいないだろうかと、上を見上げると岩の隙間から、闇の中に揺れるヘッドライトの灯りが僅かに見えた。「しめた。あの人たちの後についていけば、登山道を間違えることはない」そう思って急いで近づいていった。

彼らに追いつくと「お先にどうぞ」と道を譲られてしまった。喜び勇んで勢いよく追いつき過ぎたのだと思ったが、後の祭りだった。再び、真っ暗な登山道の先頭に立ってしまい、神経を尖らせながら登ることになってしまった。

ヘッドライトの灯り以外は、何も見えない闇の中を恐る恐る登って、一服劔の山頂になんとかたどり着くと、満天に瞬く星の素晴らしい眺めだったが、いつまでも眺めていられない。これから恐怖の岩場や難関のカニノタテバイを登らなければならないので、のんびり感傷に浸っている余裕はなく、再び、暗闇の登山道を外れないように神経を研ぎ澄まして、恐る恐る先を急いだ。

ヘッドライトのわずかな灯りを頼りに、一服剱から下っていくと、切り立った岩壁に、長い鎖が垂れ下っていた。その鎖をしっかり掴んで、足を岩壁にしっかり押さえつけながら武蔵のコルに降りた。

武蔵のコルから先も厳しい岩登りが続いていて、岩をつかみ足を踏み外さないように三点確保しながら、前剱の山頂へと登っていく。前剱岳に登るコースは、危険度が増してきて、鎖やらハシゴがいくつも現れた。途中、岩の壁に電柱に登るような太い鉄の棒が、階段状に取り付けられている場所にやってきた。

暗闇に包まれて周りの様子は分からないが、ハシゴや鎖、岩に打ち付けられた鉄の棒などから、かなりの危険地帯であることが分る。神経を集中して足を滑らせないように、慎重に登っていくと、ようやく前剱の山頂にたどり着いた。

前剱の山頂からは、太陽が昇り始め、白馬岳や鹿島槍ヶ岳などの山々を赤く染めていた。空は徐々に明るくなり、太陽が顔を出した。

前剱の山頂からは平蔵のコルへと降りてゆく。ここにも、崖になった岩に長い鎖が吊り下げられていた。この鎖を掴みながら、平蔵のコルにたどり着くと、いよいよカニノタテバイといわれている難所が待ち構えていた。

目の前には、巨大な岩の山が空に向かって聳えている。岩の間からは、芥川龍之介の「蜘蛛の糸」の小説にあるような、一本の長い鎖が静かにぶら下がっていて緊張感が高まる。

天を仰ぐようなカニノタテバイの岩壁に、いよいよチャレンジしなければならない。静かに垂れ下がる長く黒い鎖を見上げ、不安や緊張感、そしてワクワク感が入り混じり、複雑な気持ちになる。

しばらくカニノタテバイの鎖と対峙していたが、意を決して鎖を掴み、岩に足をかけて登り出した。一度鎖を掴んで登り出したら、何が何でも登っていくしかない。もう引き返すことはできない。夢中で岩の壁をよじ登って下を覗くと、恐ろしいほどの高さになっていた。下の岩が小さく見え、高度差に恐怖心が募り、一刻も早くここを抜けたいと気持ちが焦り出した。

滑落したら死は免れない。鎖にしがみつき、岩に足を乗せ、三点確保をしながら、高みへ踏み出そうとした瞬間だった、背負っていたはずの一眼レフのカメラが胸の前にずれていて、岩に引っかかり、グイと下に勢いよく引っ張られ、バランスを崩しそうになった。しっかり鎖を掴んでいたので、滑落は免れたが、しかし本当に危ないところだった。

もう一度、神経を集中させ、ひたすら天井へ向かって登っていった。一つの鎖を登り終えると、別の長い鎖が垂れ下がっていて、登っても登っても鎖は続いている。腕が疲れても休む場所はどこにもなく、垂れ下がる鎖を必死に掴み、ただひたすら高度を上げてゆく。

やがて、頭上に地獄の蓋のように見える大きな岩が空を塞いでいた。その岩をすり抜けるようにして這い上がると、ついにカニノタテバイの終着地点になっていた。カニノタテバイから抜け出したところが山頂なのかと思っていたら、劔岳に続く岩だらけの急登の登山道がまだまだ続いていた。足場の悪い急斜面は、歩きづらく、激しくあえぎヨロヨロしながら登っていく。劔岳の山頂にたどり着くころには、ヘロヘロの状態だったが、難所を乗り越え、とうとう、ここまで登ってきたという達成感に満たされた。

劔岳の山頂には小さな祠が鎮座していて、そこに木の板があり、「劔岳二九九九メートル」と刻んであった。三〇〇〇メートルにたった一メートル足りない山頂だが、登頂不可能な山として君臨してきた山頂に立てたという、嬉しさが湧き上がってきた。

劔岳の山頂からは、北アルプスの名峰や立山連峰の山並みが見渡せ、日本海側は、富山湾に立ち昇る朝靄で青白く霞んでいた。剱岳の山頂から鳥のように、俯瞰した景色を眺め、剱岳を制覇できた満足感にしばらく浸っていたが、剱岳の一番の難所といわれている、カニノヨコバイのことが急に気になり出した。

剱岳の登山で最難関のカニノヨコバイや、登りとは異なる下山ルートを思うと、不安な気持ちになっていた。下山する人の後についてゆこうと思ったが、みんな素晴らしい景色を眺めていて、動き出そうとする人はいないので、カニノヨコバイが混み合う前に下山を開始することにした。

登山道を歩き出してしばらくすると、丸印のついた大きな岩に行き着いた。その傍らに一人の登山者が休んでいたので、そこが下山ルートの分岐点なのだと思い、登っていくと、そこは、岩が細かく砕けた急斜面になっていて、その先は断崖絶壁の崖だった。

しかし、よく見ると左側へ大きく曲がっていった先には安全なルートがありそうに思えて足を踏み入れた。すると歩き始めた途端、岩が細かく砕けて堆積した斜面は、崖に向かって崩れ落ちそうに、ズルリと足が沈み込んで予想より不安定だった。ここで滑ったら一気に崖に転落しかねないので、迂闊には歩けない。歩こうとすると、周りの小さな岩がズルズルと地滑りのように、崖に崩れ落ちていく。

このままでは危ない、崖に落ちる恐怖を感じていると、上にいた登山者が大声で叫んだ。

「コースはこちらですよ！」

やっぱりここは間違いだった、と教えられ、慌てて引き返そうとするが、一歩登るごとにズルズル下へと沈み込んで滑っていく。まるで蟻地獄の巣にハマったかのようだった。ここでバランスを崩して尻餅をついたら最後、一気に崖に落ちてしまう。

焦りは禁物なので冷静になり、片方の足が沈み込んで、滑るのが止まってから、慎重に次の足を出していく。その繰り返しで、なんとか元の場所に戻ることができた。

危なかった。高鳴る胸をホッと撫で下ろし、横を見ると声をかけてくれた登山者が、冷ややかな目で「なんでこんな所を降りるのだ！」と言いたげに冷たく見ていた。間違いを教えてくれた彼に、お礼を言わなければならないのに、滑落の恐怖から逃れた安堵感で、頭の中はボーッとしていて言葉がすぐ出てこなかった。

冷静になって辺りをよく見れば、岩にある○印は先ほどまで自分が歩いてきた下山の道を示していたのに、ここが分岐点だと思い込み、何の疑いもなく危険地帯に足を踏み入れてしまったのだ。

単独行では、いち早く状況を認識しなければ、命が危険に晒されることになる。気を引き締めて、岩だらけの登山道を歩いていくと、どこに分岐点があったのかも分からぬまま、カニノヨコバイにたどり着いた。道は大きな岩壁に遮られ、断崖絶壁が立ちはだかっていた。下は恐ろしいほどの深い谷になっていて、その岩壁には、左斜め下へと長い鎖が這わせてあり、その下には、登山靴のつま先がようやく乗れるだけの小さな岩の出っ張りが続いていた。

剱岳登山の核心部になっているカニノヨコバイで、滑落して亡くなる方が、毎年のようにいるといわれ、今回の山行でも一番不安に思っていた場所だ。誰もいない早朝のカニノヨコバイは、深閑とした空気が漂っていて緊張感に包まれた。

下を覗き込んでみると、恐ろしいほどの高度感で足がすくむ。だが、ここを通っていかなければ山小屋に戻れない。勇気を奮い立たせ鎖を掴み、小さな岩の出っ張りに、登山靴のつま先を乗せた。

下を見ないように目の前の岩壁だけ見ながら、ヨコへ、ヨコへ、と歩き出した。緊張感が全身を走り抜ける。足の下は、暗くて底の見えない深い谷底の闇が口を開けていると思うと、ここで、登山靴が滑ったら最後、行方不明のまま遺体も見つかりそうにない。

ヨコへ、ヨコへ、と歩くと、登山靴のつま先しか乗っていないまま、難所になっている岩の曲がり角までやってきた。ここから先は、左側へ九〇度曲がっていかなければならないが、足場となっていた、ちいさな出っ張った岩は、角の手前でストンと切れていて、曲がり角の先を覗き見ることはまったくできない。

切れた岩角の先端は、まるで飛び込み台の先端のようだった。目の前には岩だらけの荒涼とした山並みと澄んだ青空が広がっていて、天と地の間に浮かんでいるかのような感覚になり、ときおり冷たい風が頬を撫でていく。

この岩を曲がった先の岩に登山靴が乗らなければ、滑落して死の世界が待っている。そう思うと、恐怖心でいっぱいになってきて、しばらく立ちすくんでいたが、この切り立った岩壁の角を、曲がってゆくしかない。もう、戻ることはできなかった。

覚悟を決めて、岩の途切れた端から落ちそうなくらい身を乗り出した。

そして左手を思いっきり伸ばして、角の岩を抱きかかえて鎖を掴み、「えいっ！」とばかりに左足を勢いよく宙に飛ばした。岩の角を回った途端、足を乗せる次の岩が一瞬見えたが、登山靴は、その岩の角を擦り、岩壁を滑り落ちた。

「あっ！」と言う間もなく宙吊りになり、顔面から血が引いた。「しまった、滑落する」。

慌てて鎖を胸まで引き上げ、何度も左足を岩に乗せようともがいたが、登山靴は岩の壁を擦るだけで、どうしても届かない。力尽きて、また宙吊り状態になってしまった。

右足は岩の出っ張りに、かろうじて引っ掛かってはいるものの、身体は谷底に向かって落ちていくばかりになった。乗せ損なった岩に足を乗せなければ命はない。しかし、左側の岩に足を乗せることは、もうとても不可能だった。

身体を支えている腕の力を無闇に使ってもがけば滑落を早めるだけだ。二度と同じ失敗はできない。助けてくれー、と大声で叫びたかったが、大声を出したところで誰もいない。かりに誰かいたとしても、カニノヨコバイでは誰もどうすることもできない。万事休すだ。

いまは冷静になって、どうしたら助かるのか、必死に考えた。だが、この状態から脱出する方法は、いくら考えても何も浮かんでこない。

死の確率は九九パーセントだ。残り一パーセントの、可能性としては、右足にかかった岩に戻れるかどうかだ。しかし、右側に戻りたいが、無理に戻ろうとして抗えば、力尽きてそのまま谷底に落ちてしまいそうだった。確実な方法以外に無駄な力を使いたくない。

あれほど不安に思っていた、カニノヨコバイの核心部でまさかの大失敗だ。剱岳登山を決めてから、ときどき不安になるたびに滑落シーンが浮かんできていたが、それが現実となってしまった。

宙吊り状態のまま、心臓の鼓動が激しくなり、時間が過ぎていく。身体を支えられていられるのも、あと数秒しかない。死は直前に迫ってきた。頭の中は真っ白になって、悪い夢でも見ているかのようだった。

何とかして助かりたい。しかし、もはや、どうにもならない。遅かれ早かれ、どうせ落ちていくのだと諦めかけたときだった。突然、ボルダリングのトレーニングが頭をよぎった。

インストラクターが「膝を使ってください」と教えてくれた言葉が、脳裏に浮かんできたのだ。咄嗟に「それだ！」と心の中で大きく叫んだ。助かる方法はそれしかない。一か八かで最後に命を懸けるのはそれしかない。これで失敗したら、もう身体を支える力はない。

運を天に任せて、無我夢中で残った最後の力をふり絞り、両手の鎖を思いっきり引きつけて身体を引き上げた。そして、震えながら右膝を岩壁に押し当てた。

すると不思議に身体が安定した。左足を、恐る恐る、横に伸ばすと、あれほど届かなかった岩の出っ張りに左足が乗った。奇跡が起きた。身体は、左側にある岩の出っ張りに、何事もなかったようにスルリと移動した。曲がり終えた瞬間、死の恐怖から解放された。

助かった安堵感から腰が抜けるほど脱力感に襲われ、しばらく鎖を掴んだまま動けなかった。少し気持ちが落ち着いてから、再び横へと伝い歩いたが、まだ身体はガチガチに震えていた。生と死は紙一重だ。自分がまだこの世に存在して家族や友達にも会えることがとても不思議だった。

カニノヨコバイを通過すると、今度は、崖に垂直に立て掛けられた梯子が出てきた。いつもなら恐怖心も湧かないのに、震えるような緊張感で、梯子にしがみつくようにしてゆっくり降りた。

そこから先も、滑落しそうな崖がいくつもあった。鋭い岩山を何度も登ったり降りたりを繰り返し、やがて朝登ってきた登山道にたどり着き、やっと一息つくことができた。が、まだこの先も、急峻な岩の下りや登りが連続している。油断して足を踏み外さないように、三点確保をしながら山小屋に向かって下山した。

剣山荘にたどり着くと、張り詰めていた緊張の糸が、プツンと切れて、腰が抜け落ちたように、地べたにぺったり座り込んでしまった。そして、雲一つない青空を見上げて、生きていることの嬉しさを噛みしめた。剱御前小屋から続くなだらかな斜面を眺めていると、生きている、生かされている、まだ生きている、そんな感情が一気に押し寄せてきた。

剱岳登山を決めてから、不安が拭えず、少しでも不安を取り除こうとボルダリングをしたことが、自分の命を救うことになるなど夢にも思っていなかった。カニノヨコバイで宙吊りになりながら、ボルダリングのことが奇跡的に閃いたのは、山の神様に守られていたからなのかも知れない。

剣山荘で休んだ後は、今日の宿泊地の剱御前小屋まで、剱岳を登頂できた喜びを抱きながら、山小屋に預けたザックを背負い、昨日下りてきた登山道を登る。

朝から肌を刺す厳しい陽射しを全身に受けて、剱御前小屋に向かって登り返して、小屋に着いたのは午後二時ごろだった。予定より早く着いたとき、予約していた部屋は誰もいなかった。広い部屋には布団が隙間なくびっしり敷かれていて、一人で寛いでいた。しばらくすると、六十歳ぐらいの、四角い黒縁メガネをかけた、小学校の先生のような風貌をしたヒョロッとした背の高い登山者が入ってきた。兵庫県から来た登山者で話し好きの優しそうな方だった。

「私は山が好きでね、いろんな山を登ってきたけど、途中から百名山を目指すようになって、五年で八十四名山登りましたよ」

「凄いですね、そんなに登られたのですか」

「今日も剱岳に登ってきたけど、みんなカニノヨコバイが怖いと言うけど、なんともなかったな。そんなに怖いこともないし、大したことないよね、みんな大袈裟なんだよ」

そう私に同意を求めてきたが、自分は、大変な恐怖を体験してきたばかりなので、返す言葉もなく無言で頷くしかなかった。そのうちまた一人名古屋から来たという胸板の厚い身体のがっしりしたスポーツマンらしい五十歳ぐらいの人が入ってきた。

「何かスポーツをやられていたのですか」

「ボートをやっていました」

そう言われてよく見ると、彼の腕は太く、短パンから出ている大腿から下腿にかけての筋肉の盛り上がりは、いかにも体力がありそうなマッチョな身体つきをしていた。彼は二日ほど前に、奥穂高岳と北穂高岳を登って、次の日に剱岳を登ってきたという超人的なタフな登山者だった。

「いつもはどんな山に登られているのですか」

「ワゴン車を改造して、車の中に寝泊まりしながら山を登るのが趣味なんですよ」と言う。

ここに来る登山者は、みんな山の経験が豊富な凄い人たちばかりが集まっていた。

しばらくすると、三十代ぐらいの若者たちの三人グループが、かなり疲れ切った様子でやってきた。富山から来たという彼らは、昨夜、子どもたちが寝ついてから家を出発して、早月尾根《はやつきおね》を夜通し歩き、途中の山小屋にも泊まらず劔岳からここまで登ってきたのだという。北アルプスで、最も厳しい急登の早月尾根を登って、劔岳を制覇して劔御前小屋まで来るとは、かなりタフな若者たちだった。

次に入ってきた若者は、東京から来たという少し小太りのポッチャリ顔した、ニコニコした穏やかそうな人だった。決して自分からは話そうとしないが、話を向けられると、はにかむように静かに話す。

そして続々と登山者が入ってきて、広い部屋はたちまち一杯になった。敷かれた布団の数より人の数が多く、すし詰め状態になってきて、とうとう、一つの布団に二人が身を寄せ合って寝ることになった。

夕食の後、就寝時刻になって、黒縁メガネをかけた小学校の先生のような登山者が「皆さん疲れているでしょうから、早めに寝ましょう」と言って、まだ消灯時間前だったが、部屋の灯りを消して暗くした途端、部屋中に大きなイビキが聞こえてきた。

こんな大イビキをかくのは、いったい誰だろうと見ると、三人ほど離れて寝ている、東京から来たポッチャリ顔の静かな若者だった。山小屋でイビキをかくのは、疲れているので仕方ないが、彼のイビキのかきかたは相当なものだった。息を吸うときも、吐くときも獣が吠えているような大きなイビキで、部屋中に響き渡った。

そのうち静かになるだろうと、眠るタイミングを見計らって、眠りにつこうとしたが、一向に止まる気配がない。彼の両隣には、富山から夜通し早月尾根を登ってきた若者と、奥穂高岳や北穂高岳を登ってきた体のがっしりした名古屋の登山者が、彼を中心に身体を寄せ合って寝ている。

耳の近くで聞こえてくる、彼のいびきに、彼らは相当参っているだろうと思うと、とても気の毒だった。誰か彼に、声をかけるのかなと思っていたが、誰もウルサイとか勘弁してよ、などと言う人はいなかった。山では疲れているときは、お互い様という暗黙のルールでもあるのだろうか？　山男の優しさを感じた。

寝不足のまま次の朝、まだ誰も目覚めていない真っ暗な部屋を抜け出し、登山の支度を整え、標高二八八〇メートルの別山へ登山を開始した。

剱御前小屋からの登山道は、剱岳に登り始めたときと同じで、何も見えない漆黒の闇に包まれていたが、細く曲がりくねった登山道は、踏み跡がしっかりしていて、歩きやすく、順調に高度を上げてゆくことができた。三十分ほど登って何気なく背後を振り返ると、闇の中に富山湾の街の灯りが、宝石のように光り輝いていた。あまりの美しさに思わずザックを降ろし、ヘッドライトの灯りを消すと、満天に輝く星と煌びやかに光り輝く富山湾の光だけの世界になった。

煌びやかに輝く小さな光の島と無数の星が夜空で瞬く様子を眺めていると、身体はいつしか闇に溶け込んで闇の中に浮かんでいるかのようだった。

宮沢賢治の銀河鉄道の物語が思い出され、星空から亡くなった人を乗せて輪廻の旅をするという列車が、音もなく滑り降りてきたように見えた。すると、煌びやかに輝く光の島を通って、また、星空に走り抜けていく様子が瞼に浮かんできて、カニノヨコバイの出来事が思い出された。カニノヨコバイで滑落していたら、今頃銀河鉄道の列車に乗って輪廻の旅をしていたのかも知れないと思った。シーンと静まり返った闇の中で、感傷にふけって眺めていると、星の瞬きが激しく輝き出して、何かを盛んに語りかけてくるように見えた。

まるでこの山で亡くなられた方たちの魂のささやきのように思えて、悲しく涙がこぼれてきた。剱岳のカニノヨコバイで、生と死を経験して、いまこうして存在しているのも、この山で亡くなられた無数の魂に守られていたのかも知れないと、思わず手を合わせ、冥福を祈らずにはいられなかった。

残雪の槍ヶ岳登山

剱岳にチャレンジして、生と死に向き合った恐怖の体験をしてからは、南岳の大キレットに行く気にもなれず、トレーニングも疎かになりがちだった。このままでは登山する意欲がなくなり、山には登れなくなるのではないかと不安になるほどだったが、時が過ぎると、気持ちも変わり、残雪登山だったら、剱岳のような恐怖を味わうこともないだろうと、北アルプスの山開きが始まる、四月二十七日に残雪の槍ヶ岳登山をすることにした。

いつも登山となると、深夜に家を出て、目的地の麓まで車を走らせ、そこから登山の行動を始めていたのだが、残雪登山となると、体力の消耗が激しいので、徹夜での行動を控え、翌朝、旅行気分で沢渡の駐車場へと向かった。

沢渡の駐車場は、山開きに来た登山者の車で、満車になっていないだろうかと心配していたが、なぜか閑散としていて人の数もまばらだった。

今回の登山計画では、体力を温存させるために、沢渡の駐車場で車中泊する計画を立てていた。沢渡の駐車場に着くと、日暮れまでだいぶ時間があったので、散歩に出かけると、目の前に源泉かけ流しの大きな看板をかけた、古びた木造の二階建ての宿があった。ここに来るのはいつも深夜だったので、駐車場の前に宿泊施設があるなどまったく知らなかった。

少しでも体力を蓄えておこうと、この宿に泊まることにした。

銀色の古びたアルミサッシの引き戸を開けて中に入ると、生活用品を売る小さな雑貨店も営んでいる宿で、年老いた夫婦が出迎えてくれた。受け付けを済ませ、軋む階段を上がって案内された二階の部屋は、隣と障子一つ隔てた侘しい部屋で、長い冬の間、閉め切っていたのか、湿気を含んで少しカビ臭かった。

重いザックを置き、一息つくと奥深い山の麓にある源泉かけ流しの風呂とは、どんな風情があるのだろうかと興味が湧き、早速風呂に行く用意をして階下へ降りていった。すると年老いた女主人が「お風呂はこちらです」と案内してくれた。

風呂場は、宿からいったん外に出たところにある、簡素な小さな建物だった。ガタつく木の引き戸を開けて中に入ると、プールのような四角い風呂場を、木と竹で編んだ柵で男湯と女湯に仕切ってあるだけで、脱衣所も風呂場の横にボックス型の木箱が一つ置いてあるだけだった。

すでに湯船には、白髪で髪の毛が薄くなった老人が歯を磨きながら悠然と入っていた。身体を洗う場所を探しながらキョロキョロしていると、「風呂の中の湯を汲んで洗って」と教えてくれた。

風呂場には、洗い場もなければ、石鹸も何もない。ただ源泉の湯を溜めた風呂の湯を汲んで、身体を洗い流すだけで、それで源泉かけ流しなのかと思うとおかしくて、店の前に大きく掲げてあった大げさな看板に、一杯食わされたと思っていたら、風呂に浸かりながら歯磨きしていた老人が、突然風呂に浸かったまま、湯を手ですくい、口をすすぎ出した。歯磨きが終わると、風呂の中にもぐって、豪快に頭を掻いたり、顔を洗ったりして、とても気持ちよさそうにしている。我がもの顔で入っている様子から、この麓に住んでいる凄い山男に違いないと思い、山の様子を尋ねた。

「明日は、どこの山に登られるのですか？」

「いや、山には登らないですよ」

「それでは、いつもは、どんな山に登られているのですか？」

「山には小さい頃登っただけで、まったく登ってないな」

改めてよく見ると、体の線は細く張りもなく、とても山に登れそうな身体つきではない。勝手に山男と思い込んだのが間違いで、和歌山から観光に来た、ごく普通のお爺さんで、当てが外れてガッカリしてしまい、早々に風呂から出てしまった。

ここに来る前に、沢渡駐車場の日帰り温泉に入ったばかりだったので、何もわざわざ、ここの風呂に入ることもなかったと後悔した。宿の前の源泉かけ流しの大きな看板に、物珍しさから入り直したのがなんとも悔やまれたが、布団に入って足を伸ばして寝られるのは、最高の贅沢で何も文句は言えない。

翌日は、朝一番のタクシーに乗り込んで、夜明け前の暗い道を上高地に向かった。タクシーが、釜トンネルを抜ける頃には、すっかり夜も明け、大正池は湖面から湧き立つ靄に包まれ、神秘的な美しさで佇んでいた。

上高地に着くと、気持ちよく晴れて、絶好の登山日和だったが、なぜかバスターミナルの広場は、数人の登山者が山に向かう準備を黙々としているだけで、静まり返っていた。

天気予報では、ここ数日は晴れが続くことになっていたので、登山者でごった返していると思っていたが、なんとも寂しい上高地だった。しかし朝一番で来たので、これからたくさん登山者がやってくるのだろうと槍沢ロッヂに向かって歩き出した。

深閑とした林の中を歩いていると、これから残雪の槍ヶ岳に登るのだという気持ちが高まり、ワクワクしてきた。朝の冷気に包まれながら歩き出して間もなく、河童橋《かっぱばし》を通り過ぎた辺りから、真っ白な雪になっていた。

雪の中を歩いていると、春の暖かな陽射しを喜ぶ小鳥たちのさえずる声が聞こえたり、山猿が雪の溶け出した木の周りに生えている草の芽を無心に食べていた。

いつの間にか辺りは雪化粧していて、唐松の生い茂る山は、綿帽子のように丸くなった雪を重そうにのせて枝を垂らしていた。

そして梓川は春の暖かな陽射しを浮かべて流れ、明神岳《みょうじんだけ》や穂高連峰の山々も天空に描かれた絵のように、雲一つない青空に純白の雪のドレスをまとい、存在感を誇示して大きく迫ってきた。

山の春はまだ遠く、冬山の厳しさを残す雪景色を眺めながら、徳澤園《とくさわえん》を過ぎて新村橋《しんむらばし》まで来たとき、道端にスーパーの袋が落ちていた。

ゴミかと思い、拾い上げてみると、おにぎりや行動食が入っていてズッシリ重い。こんな大切なものを誰が落としたのだろうか、昼メシがなくては困るだろう。そう思い、次の休憩地の横尾山荘まで、急いで届けてあげようと歩き出した。

横尾山荘までは、一時間ぐらいの歩行距離にあり、槍ヶ岳に向かう登山道と奥穂高連峰に向かう登山道の分岐点になっている。ほとんどの登山者は横尾山荘前の広場で休憩してから目的地の山に向かうはずだ。

落とし主に渡すチャンスは、横尾山荘の休憩場所しかない。袋に入った重い弁当袋をぶら下げ、急ぎ足で歩くと、春の暖かな陽射しで、滴るような汗が吹き出てきた。

今日は、青空に映える素晴らしい雪景色を眺めながら、のんびり歩くつもりだったのに、重い弁当の袋を下げながら、急がなければならない。

息を切らせ汗をかきながら、こんなに急いでも、落とし主に会えなければ、無駄な気がしてきた。弁当の袋を届けられなければ、ゴミとして捨てることもできず、ザックに入れて、持ち歩くことになりそうで、憂鬱になってきた。

なんとかして届けられるように、少しでも急がなければならない。のんびり歩いていては渡せる可能性がなくなってしまう。

そのうち落とし主が探しに戻ってきてはくれないだろうかと、淡い期待を抱きながら、落ちていた弁当など拾ってこなければよかったと、走りながら後悔した。

大汗を流してヘトヘトに疲れ、うんざりしてきた頃に横尾山荘に着いた。広場を見回すと、三箇所ぐらいに分かれて、三十人ほどの登山者が休んでいた。果たしてこの中に落とし主はいるのだろうかと大声で叫んだ。

「誰か弁当を落とした人いませんか！」

スーパーの袋を、高く掲げたが、みんなキョトンとして反応がない。やっぱり遅かったのかと、がっかりしていると、眼鏡をかけた大人しそうな背の高い青年がゆっくり立ち上がった。

「中身は何が入っていますか？」

と聞くので、袋を開けて見せると、

「あっ、これ僕のです。どうも」

と言いながらヒョイと受け取って、無言のまま腰を下ろした。するとグループのリーダー格の方が、青年に注意をした。

「ちゃんと、お礼を言いなさいよ」

そう言われて、青年は慌てて立ち上がり「ありがとうございました」と頭を下げた。そのあと、周りにいたグループの人たちが、一緒になって「ありがとうございました！」と声を合わせた。

みんなにお礼を言われて、取り敢えずは、間に合ってよかったとホッとしていると、五分も経たないうちに、休んでいた人たちが立ち上がって、ゾロゾロと奥穂高方面に歩き出した。

彼らは、奥穂高連峰に向かって歩き出す人たちばかりで、誰一人として槍ヶ岳に向かう人がいなかった。

槍ヶ岳を登る登山者が、誰もいないことに少し不安を感じたが、山開きになったばかりなので、これから槍ヶ岳を目指して登る登山者が増えてくるはずだ。

再び槍沢ロッヂに向かって歩き出した登山道は、いきなり積雪量の多い林で新雪の雪に覆われ、人の歩いた踏み跡がなく、槍沢ロッヂに行くコースが分からなかった。雪面にわずかな凹みがあり、それをたどって歩くと、獣が歩いた跡だったのか、山の斜面に突き当たって消えてしまった。

登山コースはどこだろうと辺りを探していると、木の枝にピンク色のリボンが付けてあるのを見つけて、それを頼りに歩いていくと、雪の表面を深く踏み抜いた大きな足跡が、やっと出てきた。これで道迷いにならず済んだと安堵したのだが、今度は歩くたびに柔らかい雪を踏み抜くようになり、一向に前に進まなくなった。おまけに、登山靴が雪の中で滑って思うように歩けず、体力が一気に削がれた。

　疲れてヘトヘトになり、悪戦苦闘しながら、やっとたどり着いたところが一ノ俣の橋だ。ここまで歩くのに、急登の斜面を登ってきたかのように、クタクタにへばってしまった。

　ここから先も、二ノ俣の橋を渡って、雪の上を踏み抜き大汗をかいて、槍沢ロッヂまで行くのかと思うと、体力への自信が早くも崩れた。しかし、今日は槍沢ロッヂに泊まるだけで急ぐ必要もなく、明日の槍ヶ岳登山に向けてのトレーニングだと思って、チャレンジ精神を発奮させた。

　一ノ俣から、二ノ俣の橋を通って、槍見川原に沿って歩く登山コースは、歩いても、歩いても、起伏のない深い雪の中だった。いくら歩いても、一向に槍沢ロッヂが近づいてくる気配がない。

　背負ったザックが重くのしかかり、疲れがひどくなってきた頃に、ようやく槍沢ロッヂに近づいてきたのか、アップダウンを繰り返すようになり、十二本爪のアイゼンを登山靴に付けて歩いたが、柔らかな雪質では期待したほどの効果もなく、雪に足を取られるばかりで、歩きにくさは変わらなかった。

　疲れもピークに達したとき、予定の時刻よりも一時間半も遅れて、槍沢ロッヂにたどり着いた。倒れ込むように槍沢ロッヂの広場の椅子に腰を下ろして休んでいると、ロッヂの玄関先で六人ほどの登山者が輪を作って、山の様子を話している声が聞こえてきた。

格子柄の赤いシャツの上に青い登山ウエアを着た体格のよい山男が、輪の中心になって、これから槍ヶ岳に登ろうとする登山者に、山の様子を盛んに話している。

濃いアゴ髭を生やした、精悍な顔をした人で、ときどき大きな声でダメだよ、とても登れない、と言っている声が聞こえてきた。思わず近寄って聞き直した。

「すいません、槍ヶ岳に登られてきたのですか?」

「そうです」

「どんな様子ですか?」

「上まで登るのは大変ですよ。今朝の五時から登ったけど、踏み抜きが多くてね、かなり時間がかかるんですよ」

と言いながら、向かい席に腰掛けて山の様子を話し始めた。

「踏み跡があるところまでは、なんとか登っていけたけどね、上は新雪の雪がたくさん積もっていて、ラッセルしないと登れないですよ。それで、僕と一緒に登っていた人と交代しながら行ってみたけど、とても体力も時間もかかるし大変なんですね。一緒に登っていた人も、これでは無理だと言って下山したので、私も断念して下山してきたんです」

「それでは、槍ヶ岳山荘まで登っていくのは無理ですか？」

「そうですね、大変だと思いますよ。でもスキーで来られた方が、槍ヶ岳山荘まで登られたと聞いたけど、アイゼンでは、とても無理ですね。この山に十回も登っているけど断念したのは今回で二回目です」

「十回もこの山に登られているのですか、凄いですね。では、ほかの山もたくさん登られているのですか？」

「そうですね、この辺りだと、ジャンダルムや奥穂や北穂高岳などは、何度も登りましたよ。だけど歳なのかなぁ、そろそろ登山をやめなければいけないかな？」

と、いかにも残念そうな苦笑いを浮かべ、断念して引き返してきたことに寂しさが滲み出ていた。

　彼は若い頃からの登山歴があり、定年近くになってから急に登山に目覚めた自分とは、比べようもないレベルの差があった。

　その山男が登れない山に、自分が登れるのだろうかと思った。しかも、ラッセルなど一度も経験したこともなく、ラッセルの仕方さえも分からないのだから到底登れる訳がない。

明日の槍ヶ岳登山は残念だが、ここから下山するしかないか、それとも、昨年と同じ涸沢カールに行くかかな？　残雪の槍ヶ岳に登ろうと意気込んできただけに、心は一気に沈んで力が抜けていった。

取り敢えず、宿泊の手続きを済ませ、荷物を下ろすことにした。案内された部屋は、両側が二段ベッドになっていて、四十人ぐらいは泊まれそうな広い部屋だった。すでにザックが部屋の片隅にポツンと一つ置いてある。

これから大勢の登山者がやってきて、賑やかになるだろうと思い、人と人の間にならない、部屋の隅の一番よい場所を確保した。この山小屋では、十六時ごろに風呂に入れるというので、それまで明日登れなくなってしまった槍ヶ岳に、少しでも近づきたいと思い、疲れた身体に気合を入れて再びアイゼンを付けて散歩に出かけた。

山小屋から槍ヶ岳に向かう登山道を歩き出すと、山男が話していたように、深い雪に登山靴が取られたり、突然雪を踏み抜いたりした。山小屋を出て間もないというのに、すでに汗だくになった。三十分ほど歩いていくと、頭に赤いバンダナを巻いて、黒いサングラスをかけた若い女性の登山者が下山してきた。

「こんにちは。槍に登ってきたのですか？」

「いいえ、上まで登るのは、とっても大変ですよ」

「そうでしたか、上はどんな様子ですか？」

「途中から新雪の雪が深くて、踏み抜きも多く、とても大変でした」

「そうでしたか、それでは上まで登れないですね」

「私の前に二人の登山者が、交代でラッセルしながら登られていたので、その方の踏み跡を使わせてもらい、なんとか槍が見えるグリーンバンドまで行って引き返してきました」

「明日、また登られるのですか？」

「いいえ、今日は槍沢ロッジに泊まって、上高地に帰ります」

その女性は、困難な雪山にチャレンジできた嬉しさに、いかにも満足したような笑みを浮かべていた。

それにしても、先ほどの山男が断念した後を、ラッセルしながら登る人がいるとは、また凄い人もいるもんだな、と思いながら十五分ほど歩くとババ平のキャンプ場に着いた。

ここまで来るだけでも大変なのに、この先も、まだまだ深い雪に埋もれた登山道が続くのかと思うと、残雪の槍ヶ岳は、なんと手の届かない遠い山なのだろうと思った。そして、槍沢の急斜面を眺め、ここまで来られたので満足だと、自分に言い聞かせ、槍沢ロッヂへ急いで帰った。

部屋に帰ると、五十歳前後と思われる、坊主頭にメガネをかけ、がっしりとした筋肉質の穏やかそうな登山者がいた。

「どちらから来られたのですか?」と尋ねると埼玉の川口からだと言い、山の写真を撮るのが好きで、登山をするようになったと話していた。

そして彼も上高地からここまで来るのに、雪が深く大変だったと話をしながら、汗だくになった服を脱ぎ出した。部屋の隅で着替えればよいものを、部屋の出入り口の真ん中で、シャツやズボンを脱ぎ、パンツ一枚になった。そのときだった。廊下を、トットッと急ぎ足で歩いてくる足音がして「お風呂の用意ができましたー」と、山小屋の娘さんが、大きな声を張り上げながら、部屋に飛び込んでくるなり、突然大きな悲鳴が上がった。

「キャー」

見ると娘さんは、部屋の入り口で、パンツ一枚になった裸の男に、まともにぶつかって、彼を突き飛ばしていた。山小屋の娘さんはビックリして「すみません。すみません。失礼しました!」と大声で叫ぶなり、その場を早く離れようと慌てふためいて、今度は部屋の壁に身体を思いっきりぶつけてしまった。

「アッ、痛いー」

またもや、大きな悲鳴を上げた。

「すみません、すみません」

彼も何度も謝っていたが、彼の大胆な着替えのおかげで、娘さんは、とんだ災難に見舞われてしまった。

娘さんには気の毒だったが、槍ヶ岳に登れなくなってガッカリして落ち込んでいたのだが、まるで笑い話のような二人のやり取りがおかしくて和まされた。

夕食時間になって食堂に行くと、腹を空かした登山者が食堂に列を作って並んでいると思っていたが、誰もいない。百五十人ぐらいは泊まれる山小屋の広い食堂のテーブル席に、たった三人分の食事の用意が、寂しげにしてあるだけでガランとしていた。

雪に覆われていた山小屋が、ようやくオープンしたというのに、この少なさは何だろうかと思った。槍ヶ岳は新雪に埋もれて登れないことを、みんな知っていたのだろうか、それにしても、なんとも寂しい夕食だ。

三人でテーブルを囲みながら、部屋に一番先に来ていた人に、槍ヶ岳の様子を尋ねた。

「今日は、槍ヶ岳まで登られたのですか?」

「スキーで槍ヶ岳山荘まで行ってきました」

「誰か槍ヶ岳山荘まで登られた方がいましたか？」

「ラッセルしながら二人の登山者が槍ヶ岳山荘まで登ったと聞きましたよ」

「そうですか、凄い人もいるもんですね？」

やはりババ平で会った女性が話していた、二人の人が登っていったのだと分かると、川口の彼に、明日はどうするのか尋ねてみた。

「槍ヶ岳山荘まで、登られた方がいるということですが、明日はどうしますか？」

「踏み跡があれば登れると思うので登ろうかな。一緒に登っていきませんか？」

そう誘われたが、経験豊富な山男が登れなかった山に登れる訳もなく即座に断った。

「自分には無理だと思うので、残念ですが明日は涸沢カールに行きます」

夕食の後、明日の天気が心配で部屋に戻る前に、談話室にあるテレビを見ると、家を出るまでは、晴れの日が続く予報だったのに、明日は午前中晴れ、午後から雨の予報に変わっていた。体力温存のためと思って、沢渡の駐車場でノンビリしている間に、どうやら予報が変わってしまったようだ。

３Ｇの携帯は電波が届かず、山の天気を詳しく調べることができないので、明日登る予定の涸沢カール周辺の情報を得るために山小屋の人に尋ねた。すると、談話室にあるインターネットの情報しか分からないという。

明日は、関東から甲信地方では、午前中はよく晴れて、午後から崩れることは間違いないので、山の天気も同じような気がした。

テレビを見ながら、スキーで降りてきた人の話や、昼に会った山男の、途中から断念したという話を思い出し、登れない雪山の斜面とは、どんな感じなのだろうか？　ラッセルしながら登るのはどんなに大変なのだろうか？　ラッセルしながら登っていった人の踏み跡を使えば登れるのだろうか？　布団に入ってからも、あれこれ考えていたら、だんだんと強気の心が芽生えてきた。

午前中だけでも登れるところまで登って、ダメなら引き返せばいい。少しでも雪山の経験を積んで、雪の槍沢がどんなところなのかを知れば、次のチャレンジに生かせるはずだ。そう思うと、涸沢カールよりも、槍ヶ岳登山へと大きく気持ちが傾いていった。

翌朝に、川口の彼に槍ヶ岳に行くことを告げた。早めの朝食を済ませて、槍沢ロッヂから歩き始めると、放射冷却のお陰で雪が凍っていて、十二本爪のアイゼンはカツカツと雪を掴み、昨日とはまったく雪質が違って、踏み抜きもなく軽快に歩けた。これなら午前中天候が崩れなければ、槍ヶ岳まで登れそうな気がしてきた。上空を見ると、澄み切った青空が広がっていて、槍ヶ岳山荘まで登れそうな期待感で心が弾んだ。

放射冷却で凍った雪面を歩いていくと、昨日は、苦労しながらやっとたどり着いたババ平のキャンプ場に、今朝は何の問題もなく着いた。ババ平のテント場を通り過ぎようとすると、テントを張っていた人たちが出てきた。

「槍に登られるんですか？」

「途中まで登ろうかなと思います」

「さっき、朝早く山小屋の人が登っていきましたよ」

「そうですか、これからみなさんも登っていかれるのですか？」

「いや、上高地に帰るので登りません。気をつけて登ってきてください」

彼らは、昨日の山男の話を聞いて、槍ヶ岳山荘まで登るのは、無理だと判断したようで、昨日、槍ヶ岳山荘まで登っていった人がいたことは知らないのか、みんな心配そうな顔していた。

しかし、これから川口の彼も登ってくる。それに、人は人、自分は自分だと一抹の不安を振り払うように、よーし、登れるところまで登るぞ、と歩き出した。

青空の広がる白銀の雪景色を眺めながら、一筋に付けられた足跡をたどって歩くと、アイゼンが、カッカツと気持ちよく雪を掴み、自然と歩く速さも速くなり、身も心も弾んで、なんとも気持ちがよい。

東鎌尾根《ひがしかまおね》から連なる山々の頂も、朝陽を浴びて白く輝き、ババ平を過ぎても、雪質は固く凍っていてどんどん歩いていける。このまま、槍ヶ岳山荘まで登っていけそうな気がしてきた。

槍沢の急斜面は、さすがにキツくなり、斜度が上がるにつれて呼吸が乱れてきた。それでも、槍ヶ岳を目指して登っていける嬉しさで、心臓をバクバクさせながら夢中で登って呼吸を整えて空を見ると、いつの間にか太陽は、灰色の雲に隠れ、怪しい暗い影を雪面に落としてきた。やはり午後から崩れてくるのは確実だった。

ウキウキ気分も急にしぼんで、雪の斜面を心細く感じながら登っていると、朝早く槍沢を登っていったという人の姿が、一つ先の急斜面に見えていて、その人に早く近づこうと急いだが、斜度のキツくなった斜面は、数歩登ると息が上がり、ゆっくりとしか登れない。雪質もいつしか柔らかくなり出し、登ろうとした途端にズボッと雪面を踏み抜くようになった。

雪を踏み抜くたびに、疲れがひどくなる。しかし、雪の斜面に人の姿が見えているだけで安心感があり、川口から来た彼もこれから登ってくるだろうから、いまはただがむしゃらに、踏み抜きがあろうが滑ろうが、登れるところまで登るだけだと心が躍った。

後ろを振り返ると、はるか下の斜面に、川口の彼と山小屋の人が一緒になって、登ってくる小さな人影が見えた。彼らに追い越されまいと、この日のために鍛えてきた足で、さらに高度を上げていく。

高度が上がるにつれて雪の斜面は、サラサラとした雪質に変わってきて、新雪のようなふかふかの雪の斜面になり、踏み抜きが多くなった。そのたびに、心臓が激しく鼓動して、少し登っては呼吸を整えて立ち止まった。すると、背後に人の気配がしたので振り返ったら、彼らがすぐ後ろに来ていた。

荒い息をしながら「お先へどうぞ、私は遅いのでゆっくり登っていきますから」と言い、踏み跡を譲って、後から彼らを追いかける形になった。

彼らはリズムよく、しっかりとした足取りで登るので、少しずつ距離を離されてしまう。けれども目の前に彼らがいる限りは安心だ。彼らの力強い登り方を羨ましく眺めながら、離されまいと、踏み跡をたどって必死に登る。

夢中で登っていると、彼らに負けまいとする競争心が燃えてきて、彼らが槍ヶ岳山荘まで登れるなら、自分も登れるはずだ、と息を切らせながら必死に登っていくようになった。

空を見上げるといつの間にか、鉛色の雲にすっかり覆われ、雪の斜面は、夕暮れのようにうす暗く、斜面に吹く風も強さを増してきた。今朝の青空からは、簡単に崩れないと思っていたが、予報通り昼ごろには崩れてきそうな雰囲気だ。

たとえ空が崩れてきても、彼らと一緒に登っていければ、そんなに危険なこともないだろうと思っていたが、上空に漂う雲は黒さを増してきて、だんだんと不安な気持ちにさせられる。

雪の斜面は落とし穴にハマったかのように踏み跡が崩れることが多くなり、思うように登れなくなり、そのたびに激しい疲労感に襲われ、苦痛で顔が歪む。踏み抜きに悪戦苦闘していると、スキーで急斜面を気持ちよさそうに滑り降りてくる人たちがいた。

「こんにちは。凄いですね、この斜面を滑って、気持ちよさそうで羨ましい」

「とんでもないですよ、スキーの板は滑らないし、曲がらないしで、ちっとも面白くもなく大変なだけですよ」

「そうでしたか、気をつけてお帰りください」

このサラサラとした新雪の斜面では、スキーで滑るのも大変なのだと思いながら、滑って降りていく彼らを見送った。この斜面は、登るのも大変だが、踏み抜きの多い柔らかなところは下山も簡単ではなさそうだった。

疲れた身体に再びムチを入れて、必死に登っていると、今度は五十歳前後の夫婦らしき登山者が元気よく下山してきた。

「こんにちは、槍ヶ岳に登られてきたのですか?」

「はい、そうです。昨日は大変だったのですよ。新雪の雪で踏み跡がなくて、二人で交代してラッセルしながら、槍ヶ岳山荘まで登りました」と満面の笑みを浮かべながら話してくれた。

その方は、昨日山小屋で話していた、ラッセルしながら登られたという凄い人たちに違いない。彼らに会えて、俄然勇気が湧いてきた。

「よし、自分も登ってやるぞ!」と気合を入れて登り出したが、数歩登ると息が切れて、足が上がらなくなった。

見上げると、先を行く二人の姿はだいぶ小さくなり、距離を離されたように感じた。彼らの姿が見えなくなったら、下山するしかない。そう思いながら、まだついていける、負けるもんか、と一歩また一歩と歩みを進めた。

ハァー、ハアーと息を切らせ登っていくと、やがて殺生ヒュッテ小屋の屋根が、深い雪の中にすっかり埋もれて、ほんのわずかに赤い屋根の一部分を覗かせていた。

「殺生ヒュッテ小屋が見えてくれば、あと少しだ」と喜びが湧いてきた。しかし、体力も限界近くになったあげくに、ここからは、槍ヶ岳登山の一番の難所の急斜面になる。この先が思いやられ、下山すべきか考えなければならなかった。

この深い雪の斜面では、下山もそう簡単ではない。山小屋に登っていくのが最善の方法だと思い、再び登り始めた。

だが、天候は崩れそうな雲行きになって、早く登れと言わんばかりに時折強い風が谷間から吹き上げてきた。

風の力を背に、少しでも早く彼らに追い着こうとしたが、踏み跡が突然崩れたり、バランスを崩して尻餅をついたりして思うようには登れない。一度尻餅をつくと、深い雪の中に身体ごと埋もれてしまい、ふかふかの柔らかな雪は捉えどころがなく、手を突っ張ってもズブズブ雪の中に入ってしまい、なかなか立ち上がれない。そのうち、時間だけがどんどん過ぎていった。

見あげると、勾配のきつい雪の斜面に、いつの間にか彼らは、三人一緒になって、ムカデ競走でもしているかのように一糸乱れず足並みを揃え、リズムよく登っていた。これ以上離されては危険だ。彼らの歩調に合わせるように登ろうとしたが、全身疲労感の塊のようになった身体は、ハァハァ荒い息をするばかりで少しも前に進まない。

少し登っては立ち休みして息を整え、また少し登っては立ち休みするようにして、やっと雪に埋もれた殺生ヒュッテ小屋と同じ高さのところまで登ってきた。

標高は約二八〇〇メートル、槍沢ロッヂを出発して、標高差、約一〇〇〇メートルを登ったことになり、残り二八〇メートルを登れば槍ヶ岳山荘にたどり着くところまで来た。

斜面を見上げると、二段三段とうねりながら、雪の斜面が立ちはだかっている。斜面の先には、暗い空と一体となった稜線があり、稜線上には槍ヶ岳が黒い岩肌にうっすらと雪化粧して、鋭い穂先を空に向かって突き刺すように聳えていた。

酸素濃度は、七〇パーセント、疲労感も限界近くになっていたが、黒い雲に覆われた空を見ると、腰を下ろして休んでいる時間はない。疲れ果てた身体を奮い立たせて雪の斜面に挑んだ。

酸素が薄いせいなのか、斜面を登り出すとすぐ息切れがして苦しく、息を思い切り吸ってみても、息を吸った感覚があまりない。登れば登るほど新雪が深くなり、胸は息苦しいまま、一向に稜線は近づいてきてはくれない。彼ら三人の付けた踏み跡は、踏み抜きが頻繁になってきて、そのたびに体力が削がれ、疲労感となって身体に重くのしかかってきた。

登る速さは鈍り、彼らが登っているところまでたどり着くのに、かなりの時間がかかるようになった。体力の限界に近づいてきた身体は、フラついてバランスを崩し、ときどき尻餅を着いてしまう。立ち上がろうとしても、すぐには立ち上がれず、体力の消耗が激しく、クタクタになった。しかし、どんなに疲れても、槍ヶ岳山荘にたどり着かなければ遭難してしまう。

重い足を上げながら、踏み跡をたどって必死に登っていると、どこからともなく、ゴォーという低く唸る風の大きな音が聞こえ、横殴りの強い風が、急斜面の雪を吹き飛ばし、飛雪となって身体にバチバチと音を立てて襲ってきた。凍った雪を情け容赦もなく顔に叩きつけてきたが、こんな風に負けるもんかと、一歩、また一歩と、飛雪に挑むように必死に登る。

空を仰ぐと、一段と黒くなって重そうな雲が空を覆い、雪の斜面をいっそう暗くして、すぐにも大荒れとなりそうな様相を呈してきて心細くなった。

すでに、時刻は午前一一時を回り、残された時間はあとわずかだ。急がなければならない。無我夢中で雪の斜面を踏み抜きながら登るが、心臓がバクバクして息が苦しく、足が上がらない。

タイムリミットの一二時になってしまっては、大変な事になると思いながら、このまま、登っていけるのだろうかと、心がざわつき始めた。いったい、彼らはどの辺りを登っているだろうかと心配になり、ふっと顔を上げると、彼らの姿が雪の斜面から忽然と消えていて、暗い雪の斜面は風に飛ばされた粉雪が宙を舞っているだけだった。

槍沢の奥深い山の中に、たった一人取り残されて、ここから抜け出せない恐ろしさに包まれた。

この状態を一刻も早く脱出して山小屋にたどり着かなければ遭難してしまう。早く稜線にたどり着きたい一心で必死に登ろうとしたが、胸がバクバク激しく波打ち息絶え絶えになって、どんなに頑張っても重い足はゆっくりとしか上がらない。

斜面を見上げると、徐々に近づいてきた赤い屋根の槍ヶ岳山荘が「急げ、もう少しだ、ここに早く登ってこい。嵐になるぞ」と言っているように見えた。

ピッケルを雪面に突き刺して少しでも効率よく登ろうとしたが、新雪の雪では、何の手応えもなくピッケルの先は虚しく雪の中に消え、何かにすがりついてでも早く登ろうという思いは、無残にも砕けて力が抜けていく。

勾配を増した槍沢の斜面は、登れば登っていくほど踏み抜きが多くなり、数歩登っては踏み抜いて一歩下がり、また数歩登ると踏み抜きを繰り返し、体力も精神力も限界を超えてクタクタに疲れ果ててしまった。山小屋は、すぐにでも登っていけそうな近くに見えているのに、少しも近づいてきてはくれない。

「もう限界だ。これ以上登るのは無理だ」と心が叫ぶ。

見上げると真っ黒な雲が、「崩れてくるぞ、急げ、休む時間なんかないぞ」と言ってくる。だが、弱気な心は、「ここで少し休もう、とても登れない、いまのうちに雪洞を作って、明日の朝登ろう」とつぶやく。

しかし、新雪の深い雪の斜面で雪洞など作れるはずもないのに、雪洞の中で休む自分の姿が、何度も何度も思い浮かび、雪の上にザックを下ろして休みたい気持ちでいっぱいになった。

しかしここで挫けたら遭難してしまうのだと、自分自身に言い聞かせて必死に登っていると、雪の斜面に叩きつけてくる風は、少しずつ威力を増してきた。

強く吹き付けてくる風に負けまいと、雪の斜面を踏み抜き登っていく。疲れて登れなくなると遭難する恐ろしさで不安になり、背後から誰か登って来る人はいないだろうかと振り返ってみるが、暗い雪の斜面に人影はなく、大きく踏み抜いた穴の中で粉雪が渦を巻きながら踊っているだけだった。斜面を吹き抜ける風の音は、山に棲む魔物が唸っているようにに聞こえてくる。すると、突然、東鎌尾根から吹き下ろす風が、再びゴォーと低い唸りを上げた。

その瞬間、ザックごと、吹き飛ばされそうになり、足を踏ん張って耐えた。飛雪が立て続けに激しく吹き付け、バチバチと大きな音を立てた。

目を開けられないほどの飛雪に、背を向け、目を閉じて風の勢いが弱まるのをじっと待った。しばらくして背後を振り返ると、斜面は、飛ばされてきた雪ですっかり覆い尽くされ、先ほどとは打って変わって辺り一面平らな雪の景色になって、踏み跡は、跡形もなく消えていた。

踏み跡のない、斜面のどこを登っていけばよいのか、絶望感でいっぱいになり、ただ茫然と雪の斜面を眺めるしかなかった。そして、槍沢ロッヂで話していた山男の声が蘇った。

「新雪の平らな斜面では、ラッセルしないと登れないんだ、登るのは無理だよ。アイゼンでは、とても登れないよ」

登山経験豊富な山男が二人で交代しながら、必死にラッセルしても登れなかった山に、一人で登れるはずもなく、なす術もなく絶望感に陥ってしまった。しかし、このまま佇んでいたら、状況はますます悪くなる。ここでただ漠然と、死を待つくらいなら、ラッセルなど経験も知識もないが、力尽きるまで登るしかない。もし、それでダメなら自分の運命だと諦めるしかない。そう覚悟を決めると、踏み跡の消えた雪の斜面に挑みかかった。

勇気を奮い立たせ、がむしゃらに登ろうとすると、ズボッと深い雪の中に、膝まで足が潜り込んだ。それでも、無我夢中で、ズボッ、ズボッと雪の斜面に挑んだが、数歩も登らないうちに、体力が雪に吸い取られ、激しい疲労感になって動けなくなった。

心臓は激しく鼓動して吐きそうになる。肺に酸素を入れようと深呼吸を繰り返してみるが少しも楽にはならない。

焦れば焦るほど吐きけと頭痛がひどくなり、ふらふらになった。もう少し、もう少し先に登ろうと、荒い息を吐きながら必死に登ると、頭痛や吐き気や生あくびが頻繁になり、半ば朦朧としてきた意識の中から、遭難の文字がまるで他人事のように浮かんだ。

「このまま動けなくなったら、猛吹雪となった雪の中に埋もれ、いまは未だこんなに元気なのに、本当に死ぬのだろうか？　死の瞬間はどうなのだろうか？」

ぼんやり考えていたら、限界に達した疲労感が話しかけてくる。

「もういい、少し眠ろう。ほんの少し眠るだけでいいのだ。このまま、ほんの少し眠るだけで楽になるのだ。楽になったら、また登ろう」

そして目を閉じて、雪の斜面に横になって眠りかけたとき、はっと我に返った。時間がない、いますぐ嵐がやってくるのだ。空を見上げると、真っ黒になった雲が、黒いマントを広げたかのように空を覆い、頭のすぐ近くに迫っていた。それは、もはや死を呼ぶ死神にちがいなかった。

「もう、ここまでだ。ここで登山は終わりだ」

と告げているかのようだった。

「もう少し、あと少しだけ待ってくれ、ここを登り終えるまでは吹雪かないでくれ！」

思わずそう叫んだが、声は虚しく雪の中に沈んだ。

一刻の猶予もならない。すぐにも空は大荒れとなる。遭難の危機が刻一刻と迫っている。

すでに体力の限界を超えていて、どこまで登れるのか考えるゆとりもない。それでも諦める訳にはいかない。足が少しでも動くなら、山小屋に一歩でも近づけるなら登るしかない。嵐が来たら、そのときは諦めよう。

深い雪に足を取られながら、斜面を見上げると、稜線までコースを外さないように最短距離で登れる赤い旗竿がところどころに立ててある。それを頼りに必死に登っていると、突然、地鳴りのような唸りとともに斜面の雪が吹雪となってドッと襲ってきた。目の前は横に流れる雪で視界を遮られ、槍ヶ岳山荘も登山コースに立てられた道しるべの赤い旗竿も何も見えなくなった。目の前にあるたった一本の旗竿が、いまにも折れそうにブルブル震えているのが見えるだけだ。

槍ヶ岳の稜線上から吹き下ろす、凄まじい風は、山の魔物が目覚めたかのようにゴォーという低い唸りを上げ続けてくる。そのたびに地吹雪が舞った。風の勢いが少し弱まると、赤い屋根の槍ヶ岳山荘が、幻のように浮かんでは消えていった。

やがて稜線上からの風は、激しさを増し連続的に吹き付けてきた。

すでに遭難する運命は確実となった。身体に残されているすべての力を使い果たすために、心臓が止まるなら止まれ、吐きたいなら吐きながら登れと、自分自信を叱り続けて登る。

極限に達した身体は、一足登るごとに右に左によろけ、意識が朦朧として足を上げる力もなくなった。すると、どこからか声が聞こえてきた。

「ここが一番苦しいところなんだ。もう少し頑張れ」

声のする方を見ると、一人の登山者が立っていた。助けてくれと思わず言いそうになったが、自分の足で登らない限りどうすることもできないので、「はい」と心の中でつぶやいた。朦朧とした意識は、現実なのか、まぼろしなのか、よく分からなかった。そしてもう一度確かめようと振り返ったが、その人の姿は飛雪の中に消えていた。

登っても登っても尽きることのない雪の斜面に、足を上げることがどうしてもできなくなった。もう足を上げる力はない。槍沢ロッヂを出発してから、休憩なしで精一杯登ってきたが、これが自分の運命なのだと悟った。

雪の中に倒れ、死の瞬間を待つことにした。そして、雪の斜面をじっと見つめていると、暗い雪の斜面がボーと薄明るくなったような気がした。まるで雪の中から山の神が現れそうな不思議な光景だった。しばらくすると、斜面の上から光が差しかけているように感じて、仄かな光に誘われるまま、這うようにして、一歩、二歩、と登った。すると、目の前が急に明るくなった。何が起こったのか、と見渡したが、やはり吹雪く雪で何も見えない。

しばらくすると、風の勢いが一瞬弱まった。すると、飛雪の舞う暗い空に何かがうっすらと浮かんで来た。そして風が止むと、紛れもない赤い屋根の槍ヶ岳山荘が見あげた目の高さの先にはっきりと姿を現した。その瞬間、身体中から喜びが爆発した。

「ここは稜線上だ！　とうとう稜線上にたどり着いたのだ。助かった、助かったぞ、幻覚ではない。もう登らなくてもよいのだ。稜線上に着いたのだ！」

新雪の積もった槍沢を制覇できた嬉しさが一気に込み上げてきた。そのとき、喜ぶのはまだ早い、と言わんばかりに、猛烈な風が再び唸りを上げて襲ってきた。

稜線上に立っていると、日本海側から立山連峰を吹き抜ける風が、唸りを上げながら吹きつけていた。足もとの雪はアイゼンの歯も役に立たないほどツルツルに凍っていて、歩けば滑って、また雪の斜面に突き落とされそうだった。しかし、稜線上にたどり着けた嬉しさで、急に元気が出てきた。

「クソ、負けるもんか！」

氷のように硬くなった雪面にピッケルを突き刺して耐えた。風が弱まると、夢遊病者のようにヨロヨロと歩き、標高三〇八〇メートルにある槍ヶ岳山荘の玄関前に、やっとたどり着くことができた。

これで命が助かった。山小屋にたどり着けた安堵感で、全身の力が一気に抜け落ち、すぐに玄関の戸を開ける気力も体力もなく、しばらく魂の抜けた脱け殻のようになっていた。

時計を見ると午後一時三〇分だった。予定の時刻はとっくに過ぎていたが、なんとか山の神に助けられた。呼吸を整えてから山小屋の中へ一気に倒れ込むように入って、ザックを降ろそうと椅子に腰掛けた途端だった。

「ダメダメ、アイゼンを付けたまま中に入ってきちゃぁダメだよ！　玄関のところでアイゼンを外してから入ってこないとダメだよ！」

山小屋の人に、いきなり頭の上から大声で怒鳴られてしまった。

体力の限界を超えて、倒れそうな身体は、玄関の戸を開けて、飛び込んでしまったので、玄関のドアにアイゼンを外す注意書きが大きく貼ってあったのがまったく目に入らなかったのだ。しかし、どんなに怒鳴られても精魂尽き果てた身体はもう動けず、そのままアイゼンを外すしかなかった。

取り敢えず、受け付けを済ませてザックを降ろしていると、奥穂高温泉の飛騨沢《ひださわ》から登ってきた登山者なのか、頭に青い模様の入ったバンダナを巻いた背の高い方が、ヘロヘロになってたどり着いた私を興味深そうに眺めながら話しかけてきた。

「どちらから登ってきたのですか？」

「はぁ……」

「槍沢を登ってきたんですか？」

「ええ」

「すごい風ですね。さっき胸の高さぐらいまで雪洞を掘って、テント張ろうとしたけど、風が強くてぜんぜん無理、今日は山小屋に泊まることにしたよ。テントでしか泊まったことがなくて、山小屋って広いんだね。ビックリした」

「はぁ、そうですか」

登山靴を脱いだら、床に倒れ込むほど身体が限界に来ていたので、背を向けたまま気のない返事をしたら会話が途切れた。

割り当てられた部屋に入ると、先ほどの彼らの布団がすでに敷いてあった。その横には濡れたザックやカメラが置いてある。川口の彼もこの部屋なのだと思い、いくらか安心した。

荷物を部屋に置いて、休憩所になっている談話室に行くと、部屋の中は真っ赤な炎を見せているストーブが置いてあって、登山客五人ほどがストーブを囲んで寛いでいた。テーブル席の向こう側には、川口の彼がとろんとしてまどろんでいた。挨拶する元気もなく疲れ切った身体を投げ出すようにして、ドカッと腰を下ろした。

ここでやっと落ち着き、ボーッとしていると、にわかに窓の外が夜のように真っ暗になった。次の瞬間、ゴォーという獣の吠えるような風の唸りが聞こえるのと同時に、稲妻が眩しく閃光を発した。続けて、雷鳴が轟き、山小屋のすぐ近くに雷が落ちて大きな地響きを立てた。

それを合図に、怒り狂った飛雪がガラス窓を叩き割るような勢いで、バチバチと叩きつけてきた。空は、とうとう、黒く漂っていた雲を解き放し、山々を駆け廻る獣のように荒れ狂い出したのだ。

談話室にいた登山者たちは平静を装いながらも、不安げな顔をあげていた。数人が、慌てて立ち上がって、窓辺から外の様子を見ようとしたが、真っ暗で何も見えないのか元の場所へ戻った。

唸りを上げながら荒れ狂う風と雷鳴は、絶え間なく襲ってきて、山小屋は地響きを立ててビリビリと震えている。外の様子を窺おうと、玄関のドアを開けようとしたが、風の勢いで鍵が掛かったようにびくともしなかった。

談話室に戻って、鳴り響く落雷と、風の唸り声に耳を澄ましていると、あのときの風とはまったく別物で、まるで映画の山岳遭難のシーンを見ているかのような凄まじさだった。激しい雷鳴を聞いていると、先ほどまで雪の斜面を悪戦苦闘していたことが思い浮かんだ。

この雷雲がもう少し早くやってきていたら、あるいはあの雪の斜面で吐き気や睡魔や疲労感に負けていたら、いまの自分はこの世に存在していない。こうしてストーブの焚かれた暖かな部屋で、のんびり寛いでいるのが幻覚のように思えて、まだ、あの雪の斜面で悪戦苦闘しているような気がしてならなかった。

今朝のおだやかだった春の陽気が、いったん崩れると冬山の顔を覗かせ、人を寄せ付けないほど荒れ狂うとは想像もできなかった。こうして何事もなかったかのように、生きて再び普通の営みが明日から続けられると思うと、山の神に感謝しないではいられない、この山行だった。

吹き荒れていた風は夜明けごろに静まり、朝には部屋の窓ガラスに強い春の陽が射していた。今日は絶好の登山日和になり、誰か槍ヶ岳に登った人はいないだろうかと階下へ降りていくと、テントでしか泊まったことがないと言っていた山男がいた。仲間と二人で槍ヶ岳の山頂からご来光を眺めて帰ってきたところだった。

二人は、ロープに繋がれたまま、ヘルメットを外していたので、自分も登れそうなら、朝陽に輝く素晴らしい雪山の景色を見たいと思い、尋ねた。

「槍ヶ岳は登れそうですか？　鎖は使えそうですか？」

「ロープを持っていれば登れるでしょう。鎖は雪にほとんど埋まってますよ。風が強くって参った」

そう言いながら、先ほどまで二人を繋いでいたロープを巻きながら、槍ヶ岳の様子を教えてくれた。

今朝の槍ヶ岳は、まだ強風が吹き荒れ、彼らのようにハーネスにカラビナを付け、登山経験豊富な人とロープで結び合いながら登らなければ、とても登ることは叶わない気がした。昨日、遭難の恐怖を味わい、肉体も精神もボロボロに疲れ果てた身体では、滑落する危険が高く、残雪の槍ヶ岳登頂の夢は、諦めなければならなかった。

朝食を終えてから、川口の彼と部屋の窓から、昨日の悪天候がもたらした雪で槍ヶ岳が朝陽に輝き、青空に映えている姿を感慨深く眺めていたら、六人組の中国人パーティーが、山小屋を出て槍ヶ岳に登ろうとしていた。

彼らが登る様子で、難易度が分かるだろうと見ていたが、彼らは槍ヶ岳の登り口にある大きな岩のところでまったく動かなくなってしまった。何をしているのだろうかと、暫く見ていたが、登る様子はなく、岩陰に留まっているだけだった。

彼らは一向に動こうとしないので外の様子を見るのを諦め、下山の支度を整え山小屋を出た途端、強い風に煽られた。歩くと吹き飛ばされそうになり、初めて中国人の人たちが動かなかった訳が分かった。この風では登ることも、引き返すこともできなかったのだと。

今日は無理をして、槍ヶ岳の山頂に登らなくてよかったと思いながら下山を開始すると、風はよく晴れた青空の下でも、簡単には下山させまいとするかのように、斜面の雪を舞い上げ戦いを挑んできた。

しかし、昨日のような恐怖感はなく、槍ヶ岳山荘まで登れた充実感で、胸の中は嬉しさで満たされ、身も心も軽く、空を飛ぶような身軽さで、ズボズボと新雪の積もる雪の急斜面を、何度も踏み抜き転びながら上高地へと下山した。

残雪の槍ヶ岳へ再チャレンジ

登山をしているとどこかに魔物が棲んでいて、魔物に出会うと一瞬で危険に晒される。それは自分の油断だったり、判断力の甘さだったり、洞察力のなさだったりするのだが、抗う余地のない途轍もない力を持っている。何度かそんな魔物に出会ったが、遭難事故にならなかったのは運がよかっただけだ。

残雪期の槍ヶ岳登山の後は、チャレンジ精神の意欲はすっかり失せてしまったが、トレーニングだけは欠かさず、大高取山に登って体を鍛えた。

そして年が明けて心の傷も癒えると、命がけで登った残雪の槍ヶ岳登山が悔やまれてきた。槍ヶ岳山頂からの雪景色を断念したことも心残りになっていたので、残雪の槍ヶ岳にもう一度チャレンジして、自分には無理な登山だったのか確かめたくなった。そして、昨年と同じ山開きの前日に、上高地に向かった。

上高地に着くと昨年と同じように、空は快晴だ。しかし今年は、翌日からゴールデンウイークの連休になったことや、天気も安定していることもあり、バスターミナルには多くの登山者がいて、登山届を出したり、荷物整理をしたりとにぎやかだった。

山の雪も少なく、上高地から横尾山荘に向かう山道は、夏山シーズンのように多くの登山者が目的地に向かって歩いていた。槍沢ロッヂに向かうルートの雪の上にも、たくさんの踏み跡があり、雪質も締まっていて歩きやすく山小屋には、予定時間より早めにたどり着くことができた。

槍沢ロッヂの受付は、多くの登山者が並んでいて、昨年とは大違いだ。部屋に入ると、グループで来ている登山者なのか、すでにザックが布団の前に並んでいた。

今日は、徹夜で行動してきたので早めに寝て、明日に備えようとしたが、就寝時刻を過ぎてもヘッドライトの灯りを点けて荷物整理をする人がいたり、大いびきをかく人がいたりと落ち着かず、なかなか寝付かれない。結局、熟睡できずにとうとう朝を迎えてしまった。

寝不足の朝となったが、昨年と同じ時刻に朝食をとり、午前六時には登山を開始した。放射冷却で冷え込んで固く凍りついた雪面は、たくさんの登山者が歩いた踏み跡で、凸凹だらけの固い雪面となっていた。

今年こそ残雪の槍沢を槍ヶ岳山荘まで六時間以内で登れるのか、それとも自分には無理だったのかを確かめることや、槍ヶ岳山荘に着いたら、槍ヶ岳の山頂にチャレンジできる体力があるのかを知りたかった。

槍沢ロッヂからの景色は、昨年の真っ白な新鮮な雪の斜面とは違い、大勢の人の歩いた凸凹斜面になっていて、近くに聳える山は黒い岩肌を雪の上にさらけ出していた。

固くしまった雪の斜面はどこまで登っても踏み抜きがなく、疲れれば腰を下ろして、のんびり雪景色を眺めて休憩することができた。空は抜けるように青く、遠くに聳える山の上に雲一つなく、春の暖かな日差しが斜面に降り注いでいた。

登っていく雪の斜面は、太陽の陽を反射してキラキラと輝き、水晶を粉々に砕いて敷き詰めた宝石のように輝いていた。その雪の斜面を、ザッザッと踏みしめながら登る爽快な登山だ。

斜面を登っていると、昨年のことが蘇ってきた。昨年は、この斜面を猛吹雪になる恐ろしさに追われ、息絶え絶えになって登ったのだ。それを思うと、体力の限界へと自分を追い込みたくなり、前を登っていく登山者を思い切り抜き去った。

勢いよく登っていくと、汗だくになりさすがに疲れて息も絶え絶えに喘ぐようだったが、気がつくと殺生ヒュッテ小屋が見えてきた。殺生ヒュッテ小屋は、雪に埋もれることもなく、いつもの山小屋の姿を雪の上に現していた。山小屋を見ていると、昨年の雪の多さは大変な積雪量で、厳しい登山だったのだ、と思い出され、しみじみ眺めた。

殺生ヒュッテ小屋から先は、急登の雪の斜面なので登るのはきつかったが、昨年のようにバテることもなく、体力を残したまま槍ヶ岳山荘に、予定時間より一時間も早くたどり着くことができた。

少し休憩して山頂へ登ろうと、槍ヶ岳を見ると、黒い岩の間に白い雪がところどころに残り、すでに山頂へトライしている登山者がいた。山小屋の前の広場では、ロープやカラビナを着ける準備に追われる登山者でごったがえしていて、彼らがロープを出したり、カラビナを点検している様子を見ているると急に不安になってきた。彼らのようにロープで結び合う人もなく、単独で登って遭難事故を起こしたら、一人で登るからだ、と言われそうな気がした。

ここで怖気付いてひるむ訳には行かない。今回は、昨年のリベンジを果たすために来たのだと、不安を振り払って槍ヶ岳山頂に挑んだ。岩に足をかけて、黒い岩を掴んで登っていくと、三人組の登山者が互いにロープでガッチリ結び合い、少し登っては止まり、また少し登っては止まりながら登っていた。

深く切れ込んだ岩の間には、風に吹き付けられた雪が凍っていた。滑落しないように神経を集中させ、ゆっくり登る。すると、左前方から数人の登山者が降りてきた。彼らは、岩に掴まりながら降りてきて、切り立った岩に足をかけると、アイゼンがカリカリと岩肌を滑っていた。

下山する彼らの様子を見ていると、夏山とは格段にレベルの違う危険な槍ヶ岳になっている。滑落しないように細心の注意を払い、空を仰ぎながら登る。

誰もが危険な槍ヶ岳に緊張して、少し登っては止まり、また少し登っては止まりを繰り返している。やがて岩の壁は、かなり急勾配になり足場がますます悪くなり、足もかけられないような岩場が出てきたが、登れないようなところは、鎖や鉄のハシゴがあり、慎重に登っていく。こういう場所も、ロープで結ばれていれば、上を登っている人が安全を確保してくれるだろうが、自分は一人なので滑落したら終わりだ。

切り立った大きな岩の場所が出てくると、アイゼンの歯は、岩に引っかかって、バランスをくずしそうになったり、岩肌を滑ってカリカリと音を立てた。

手がかりがなく登れそうもない場所は、ピッケルを上の岩に引っ掛け、よじ登ったり、岩の窪みに雪がツルツルに凍りついて、アイゼンの歯がまったく効かない所は、手を伸ばし上の岩を掴んで身体を懸垂させてから、腰の高さほどにある岩に足をかけて登った。

　槍ヶ岳は想像以上に危険に満ちた岩登りで、上に登れば登るほど、滑落の危険が格段に高まって誰かが滑落すれば、雪崩式に滑落してしまいそうな恐怖があった。みんな必死になって岩にしがみつき、ゆっくり登っているのでなかなか山頂にはたどり着けない。

　慎重に登っていくと、山頂近くになってきたのか、岩は急角度に迫り上がり、難易度が高くなった。するとまったく動かなくなった。不安定な状態のまま暫くすると、下山グループの登山者がロープで繋ぎ合いながら降りてきた。下山コースは別にあるが、至るところで雪が凍っていて下山することができなかったのか、登りのコースに降りてきた。

　不安定な姿勢のまま岩に張り付き、下山者が無事に通り過ぎるのを、じっと身動きせず待たなければならない。身体が少しでも触れれば相手を突き落とすことになる。ここは、細心の注意が必要だ。

　彼らが無事に通り過ぎるのを微動だにせず待って、通り過ぎたのを確認してから、再び山頂を目指した。少し登っては止まり、また少し登って止まることを繰り返していくと、また、ぴたっと動きが止まってしまった。しばらくすると、五人の人たちがロープを結び合い慎重に降りてきた。

彼らを眺めていると、グループの中で一人だけ岩場の苦手な登山者がいて、降りようとするのだが、恐怖心が先立ってしまうのか、手や足が思うように動かない。岩に足をかけようとしても岩に足が届かず、同じことを何度も繰り返しているばかりで、なかなか降りられないでいる。

先に降りていた仲間が、もう少し右の岩に足をかけて、左手はここの岩を掴んでと指図するが、なかなかその通りには動けず、いまにも滑落しそうだった。

ロープの最後尾で安全確保している登山者は、相当経験を積んだベテランなのか、身体にロープを巻きつけ、仁王立ちして足を踏ん張っていた。

彼らを見ていると、恐怖心がこちらまで伝わって、下山が不安になってきた。登っていくときよりも、下山のほうがはるかに危険度が高く、単独行の自分はロープで繋ぎ合う人がいないので、無事に下山できるのだろうかと見下ろすと、崖の下に赤い屋根の槍ヶ岳山荘が小さくなって見え恐怖心が出てきた。

足のすくむような高度感がある崖に、滑落していく自分の姿を思い浮かべていたらなおさら恐ろしくなってきた。前を見ると下山者とのすれ違いが無事に終わり、再びゆっくり動き出したので、また集中力を高め、足場や手の位置を確認し、三点確保をしながら滑落しないように、慎重に登っていく。いよいよ最後の恐ろしい垂直に立った長いハシゴに行き着いた。空に突き刺すかのように直立したハシゴをよじ登れば、最終目標の槍ヶ岳山頂にたどり着く。

一歩一歩慎重に登っていくと、とうとう目標としていた槍ヶ岳の山頂にたどり着けた。山頂には、祠がポツンと岩の上に置かれていて、青空の下には、北アルプスの山々の頂が真っ白に雪化粧した素晴らしい景色になっていた。

素晴らしい景色に夢中になり、山頂がごく狭い場所だったことを忘れて、混んできた登山者を避けようと後ろに下がった瞬間、不安定な岩の上に足が乗ってしまい足をふんばるとそこは、後のない崖になっていた。山の景色がどんなに素晴らしくても、景色に惚れ過ぎて、心ここにあらずでは常に危険を伴うので気持ちを引き締めた。

槍ヶ岳山頂からは、三六〇度の素晴らしい眺めで、青い空と真っ白に冠雪した山々が見渡せた。

念願だった残雪の槍ヶ岳の山頂に立てた喜びが湧いてきた。しかし、なぜかいつものように、有頂天になって喜べない何かが心の中にあった。それは、ここから下山する恐ろしさなのか、リベンジを果たした喪失感なのか、よくわからないが冷静になって眺める自分がいた。

あとがき

いままで、山に登る魅力を知ることができたのは兄に感謝しかないが、兄と白馬岳登山をした後は、一緒に山に登ることはなかった。しかし、兄に時々会っては、兄が登ったことのない山の写真を見せたり、山小屋での話をしたりすると、お前はすっかり山男になったな、と笑っていた。兄は、単独行は危ないと思っているのか、白馬岳に登ってからはどこにも登っていないという。そして、最近、足が弱くなって疲れるようになったとこぼすので、それなら一緒に大高取山に登ってみないかと、山のトレーニングに誘った。

大高取山へ兄と久し振りに出かけると、やはり体力が衰えていたのか、少しの急な坂道でも、兄は息が切れて大変そうだった。兄の歩調に合わせて何度か山に登ることを繰り返すと、少しずつ脚力が付いてきたようで、「来年の夏になったら燕岳に登ってみないか」と誘ってみた。兄は喜んでいたが、登れるだろうかと言ってきたので、「大丈夫、あそこなら日帰りでもできる所だから、一泊山小屋に泊まれば無理な登山にならないと思う」と話して、夏には燕岳に登ることになった。

そして翌年の夏、梅雨が明ける頃に中房温泉《なかぶさおんせん》に一泊して、翌朝はやく燕岳に登り出した。久しぶりの登山となった兄は、急登の登山道はかなり大変そうに登っているので、兄の様子を見ながら無理だったらすぐ下山するつもりで登った。兄はゆっくりだったが着実に高度を上げて、とうとう燕山荘にたどり着けた。山小屋に着くと、登り始めたときは雨が降っていた空も晴れてきて、湧き上がる雲海の中から槍ヶ岳が見える素晴らしい景色となり、兄と一緒に山の素晴らしさを味わうことのできる幸せを感じながら、槍ヶ岳が夕陽にうっすらと赤く染められていく景色を眺めた。

兄と燕岳登山をした後は、どうしても心残りになっているのは、北穂高岳から南岳に行く大キレット登山だった。剱岳登山で恐怖を体験してからは岩山を諦めていたが、いつかはその夢を実現したかった。

年も七十二歳になる頃、坐骨神経痛になった挙句、世界中に新型コロナの感染が拡大して、山にいつ登れるかも分からない事態になった。このまま山に登れなくなる危機感があり、坐骨神経痛に負けまいとトレーニングを重ねた。そして、七十二歳の夏に念願の大キレット登山をした。北穂高岳に登る日が大雨だったり、予定していた山小屋が新型コロナ感染で閉鎖していたりと、散々な登山だったが、なんとか無事大キレット登山を成功させることができた。

私のこれからの登山にかける想いは、チャレンジ精神を少しだけ抑えて、安全な登山を心がけ、楽しみながら山に登り続けたいと思う。

著者プロフィール

山野 孝平（やまの こうへい）

昭和25年生まれ
埼玉県出身
埼玉県在住

山に魅せられて

2023年10月15日 初版第１刷発行

著　者　山野 孝平
発行者　瓜谷 綱延
発行所　株式会社文芸社
〒160-0022 東京都新宿区新宿1－10－1
電話 03-5369-3060（代表）
03-5369-2299（販売）

印刷所　株式会社フクイン

ISBN978-4-286-24446-4